# 구원이란 무엇인가

― 바울과 구원의 서정 ―

By Faith, Not By Sight
Paul and the Order of Salvation

# 구원이란 무엇인가

## 바울과 구원의 서정

리챠드 개핀 지음 ▮ 유태화 옮김

크리스챤

*This book was first published in the United Kingdom by
Paternoster Press with the Title of **By Faith, Not By Sight**,
Copyright 2006 by Richard B. Gaffin, Jr. Translated by permission.*

이 책은 영국의 Paternoster 출판사에 의해 2006년에 출판된
**By Faith, Not By Sight**의 원본을 크리스챤출판사에서 번역한 것이다.

Korean Edition
Copyright © 2007 by Christian Publishing House
Seoul, Korea

# 구원이란 무엇인가

바울과 구원의 서정

2007년 8월 15일 1판 1쇄 발행

| | |
|---|---|
| **저　　자** | 리챠드 B. 개핀 |
| **옮 긴 이** | 유태화 |
| **발 행 인** | 류근상 |
| **발 행 처** | 크리스챤출판사 |
| **주　　소** | 경기도 고양시 덕양구 토당동 364 현대 107-1701호 |
| **전　　화** | 031) 978-9789 |
| **핸 드 폰** | 011) 9782-9789, 011) 9960-9789 |
| **팩　　스** | 031) 978-9779 |
| **등　　록** | 2000년 3월 15일 |
| **등록번호** | 제79호 |
| **판　　권** | ⓒ 크리스챤출판사 2007 |

ISBN 978-89-89249-40-5

# By Faith, Not By Sight

- Paul and the Order of Salvation -

By Richard B. Gaffin Jr.

Translated By Tae-Wha Yoo

## 서문

　이 책은 런던에 소재한 오크 힐Oak Hill 신학대학의 계절학교에서 2004년 5월에 행했던 네 개의 강의에서 시작되었고 그 후 2005년 1월에 루지에나 먼로Louisiana Monroe에 소재한 어번 에비뉴 장로교회Auburn Avenue Presbyterian Church에서 열렸던 제7차 목회자 세미나에서 다섯 강좌로 재구성하여 강의하였던 자료를 모아 출판한 것이다. 이 자리를 빌어서 두 강좌에 초대해준 따뜻한 배려에 감사를 표한다.

　이 강의 원고는 이 책에서 네 개의 장章으로 정리되어 원래 강의에 사용했던 것과는 조금 다르게 편집되었으며, 간략한 후기epilogue가 덧붙여졌다. 몇 군데에 걸쳐서 내용을 약간 보완한 것 외에는 강연에서 사용하였던 원고의 범위와 내용을 그대로 유지하였다. 이것은 강연의 목적을 유지함으로써 목회자나 교회학교 교사들, 그리고 성경에 관심을 가지고 있는 일반 독자들이 바울 신학에 대하여 알고 싶어 하는 것을 분명하게 드러내고 또한 지속적으로 관심을 가지고 연구할 수 있도록 그 문제점을 선명하게 드러내려는 필자의 마음 때문이다. 내 학문적인 동료들조차도 이 책을 통하여 어떤 읽을거리를 발견하기를 희망하지만, 분명한 것은 그들이 이 책의 일차적인 독자는 아니라는 사실이다.

이런 목적 때문에 나는 이 책의 여러 곳에서 논증하기보다는 오히려 주장하는 것으로, 그리고 내용의 깊이를 파고들기보다는 그 윤곽을 보여주는 것으로 만족하였다. 확실한 것은 내가 다루고 있는 이 문제가 훨씬 두꺼운 책으로 출판될 수 있고 또한 그럴 필요가 있다는 것을 잘 인식하고 있다는 사실이다. 나는 독자들이 내가 바울의 교훈의 핵심적인 이슈들에 대하여 전반적인 윤곽을 드러내려는 것이며, 그것을 공교하게 논의하려는 것이 아니라는 사실을 마음에 기억하기를 바란다. 그러한 목적은 각주를 다는 데에도 반영되었으며, 따라서 최소한의 각주만을 언급하려고 노력하였다. 인용된 성경구절의 번역은 특별한 언급이 없는 한 내가 개인적으로 한 것이다.

나는 옥크 힐Oak Hill 대학의 학장인 데이비드 피터슨David Peterson 박사에게, 그리고 이 원고들을 보기 좋게 잘 편집해준 파테르노스터Paternoster 출판사 관계자에게 깊이 감사한다. 피터슨 박사와 그의 동료들과 보낸 시간은 비록 짧았지만 내가 지속적으로 소중하게 간직하고픈 값진 것이었다.

리차드 개핀 주니어
웨스트민스터 신학교
2006년 3월

## 목차

서문 _ 06

### 제1장 구원의 서정과 바울신학 _ 11
1. 오늘날의 바울 연구 _ 12
2. 신학자로서 바울 : 몇몇 근거들 _ 18
   1) 성경신학 _ 19
   2) 바울을 해석할 때의 문제들 _ 25
   3) 신학자로서의 바울 _ 30
   4) 성경신학과 조직신학 _ 35

### 제2장 구원의 서정과 바울신학의 "중심" _ 39
1. 바울신학의 "중심" _ 44
   1) 고린도전서 15장 3절에서 4절 _ 48
   2) 죄 _ 61
   3) 그리스도와의 연합 _ 69
   4) 연합과 칭의 _ 78
   5) 신앙의 역할 _ 80

2. 바울신학의 중심과 구원의 서정 _ 83
   1) 구원의 서정에 있어서 칭의 _ 84

## 제3장 구원의 서정과 종말론 I _ 101
1. 종말론과 인간론 _ 103
2. 종말론과 성화 _ 111
   1) 그리스도와의 연합과 부활한 사람들 _ 111
   2) 직설법과 명령법 _ 127
   3) 역사적이고 신학적인 반성들 _ 139

## 제4장 구원의 서정과 종말론 II _ 147
1. 종말론과 칭의 _ 148
2. 우선적인 생각들 _ 148
   1) 웨스트민스터 표준문서의 관점 _ 152
   2) 미래로서의 칭의 _ 154
   3) 신앙과 순종 _ 182
   4) 바울과 야고보 _ 187
   5) 칭의와 현실 _ 190

후기 _ 195

역자의 후기 _ 199

참고문헌 _ 204

제1장

# 구원의 서정과
# 바울신학

# 1. 오늘날의 바울 연구

많은 독자들이, 아마도 대부분의 독자들이 적어도 다소나마 바울 연구가 현재 소위 "바울에 대한 새 관점"New Perspective on Paul이라고 불리는 흐름에 지배되고 있다는 사실을 알고 있을 것이다. 이것은 지난 수십 년 동안 당연한 것으로 여겨졌던 바울신학에 대한 본질적인 재구성을 시도하려는 흐름이다. 이 새 관점을 일반화하는 것은 상당한 주의가 요구되는 일이다. 그 의도가 포함하고 있는 관점의 스펙트럼이 다양할 뿐만 아니라 광범위하기 때문에, 실로 까다롭기 그지없는 작업이다. 그러나 만일 이 관점이 정말 의미 있는 것이라면, 지금쯤 명백하게 공통의 관심사와 확신들이 그 내용을 구체적으로 드러내지 않으면 안 된다.[1]

---

1) 현재 이와 관련한 문헌들은 실로 엄청나다. 일반적인 개관을 위하여, 특히 G. Waters, Justification and the New Perspectives on Paul: A Review and Response (Phillipsbourg, NJ: P&R, 2004)와 S. Westerholm, Perspectives Old and New on Paul: The "Lutheran" Paul and His Critics (Grand Rapids: Eerdmans, 2004)를 보라. 그들의 설명에 있어서 전적으로 공정하지만 이 두 저술은 또한 본질적으로 새 관점에 대하여 비판적이다. 보다 우호적인 요약을 위해서는 D. Garlington, In Defense of the New Perspective on Paul: Essays and Reviews (Eugene, OR: Wipf anf Stock, 2005), pp. 1-28 ("The New Perspective on Paul: Two Decades On")과, 가장 최근의 것으로서 제임스 던의 개인적인 관심사를 반영한 The New Perspective on Paul: Collected Essays (Tübingen: Mohr Siebeck, 2005), pp. 1-88 ("The New Perspective on Paul: Whence, What, Whither?")를 보라.

여기서 문헌을 망라하여 완전하게 기술하려고 시도하는 것이 아니라, 할 수 있는 한 새 관점이 무엇인지 정확하게 관찰하려는 것이 공정할 것으로 보인다. 다양한 종교적인 주된 흐름에서 제2성전 유대교를 재평가하였고, 그것이 바울을 재평가하는데 영향을 결정적으로 미침으로써 나타난 것이 새 관점이다. 달리 말하여, 바울에 대한 새 관점은 보다 근본적으로 제2성전 시기의 유대교에 대한 새 관점이다. 환언하자면, 바울의 새 관점은 유대교에 대한 새 관점에서 비롯된 것이다. 더 나아가서 여기서 "새로움"New은 상대적인 것이라는 사실을 언급할 필요가 있다. 대부분의 경우, 바울 연구에 적용된 이 발전은 지난 세기 말에 크리스터 스텐달Kriester Stendahl과 샌더스E. P. Sanders의 영향력 있는 작품들과 이들의 뒤를 이어서 "새 관점"[2]이라는 표현을 사용한 제임스 던J. D. G. Dunn과 또한 훨씬 이른 시기의 유대교 학자들, 특히 이 세기 초기에 활동했던 무어G. E. Moore와 몽티피오레G. W. Montefiore와 같은 학자들이 일구어낸 바울에 대한 이해와 제2성전 유대교에 대한 이해의 결론을 도출한 라이트N. T. Wright에 의해서 이루어진 것이다.

특히 이 책이 관심을 기울이는 것과 관련한 보다 더 공정한 일반화는 새 관점이 종교개혁과 그 후 이어진 고백적인 개신교주의가 이해하는 바울의 교훈과 다르다는 사실에 있다. 종교개

---

[2] J. D. G. Dunn, "The New Perspective on Paul," Bulletin of the John Rylands Library 65 (1983), pp. 95-122.

혁과 고백적인 개신교주의는 바울의 교훈이 구원과 관련하여, 특히 칭의와 관련하여 핵심적인 역할을 하는 것으로 이해하는 반면에 새 관점은 그렇지 않기 때문이다. 새 관점은 이 차이를 다양하게 평가하며 또한 그 차이의 확장을 지속적인 토론의 문제로 파악한다. 그러나 바울 이해와 관련한 종교개혁과 새 관점 사이의 차이는 바리새인이었던 사울이 그리스도인인 바울이 되었을 때, 그가, 종교개혁자들이 주장하는 것처럼, 행위로 말미암는 개인적 구원의 종교를 은혜로 말미암는 종교를 선택하기 위해서 버리지 않았다는 새 관점의 주장과 관련되어 있다. 오히려, 그는 하나님의 은혜에 대한 이해와 경험을 다른 것으로 바꾸었다. 그는 인종적으로 제한된 하나님의 선택하시는 은혜라는 속 좁은 생각을 보다 크고 보편적인 이해로 바꾸어 이스라엘뿐만 아니라 모든 열방을 끌어안는 방향으로 옮겨갔다는 것이다. 혹자는, 이 관점과 관련하여, 그리스도인이 되면서 바울이 "은혜에서 은혜에로" 나아갔다고 말할 수도 있을 것이다.

괄목할 만한 것은 새 관점이 바울의 이신칭의以信稱義에 대한 가르침을 유대인과 이방인 신자들의 동등한 입장을 강조하는 공동체적이고 교회론적인 관점을 배타적으로 주장하는 몇몇 사람들을 위한 관심을 반영한 것으로 이해한다는 사실이다. 다시 말하여, 종교개혁이 주장하는 것처럼, 죄인 개개인의 구원을 위하여 구성된 것이라기보다는 어떻게 유대인과 이방인 신자들이 상호 관련되는지에 대한 관심의 표명이었다는 것이다. 이런 식으로 새 관점은 바울에게서 칭의의 중심성을 해체한다. 환언하여,

칭의가 바울의 가르침에서 중요한 역할을 한다는 사실을 문제시하는 것이 아니라, 종교개혁 전통이 이해하는 것처럼, 칭의가 구원론soteriology에서 중심적인 역할을 한다는 사실을 부인하는 방식으로 칭의의 중심성을 해체한다는 것이다.

종교개혁자들이 이해했던 것과 달리 칭의를 비非중심화하는 이런 논의의 근본적인 결과는 개인의 구원이라는 주제가 사라지거나eclipsed, 혹은 바울이 상대적으로 거의 관심을 기울이지 않은 혹은 선호하지 않은 것으로, 이해된다는 사실이다. 예를 들면, 라이트N. T. Wright는 바울에게 있어서 "'복음'은 개인적이고 비역사적인 의미에서 어떻게 한 개인이 구원을 얻는가에 대한 메시지가 아니라"고 진술한다. "복음은 그렇다면 어떻게 사람들이 구원을 얻는 것인가를 말하는 체계도 아니다." 바울이 이해하는 복음은 "과거의 신학에서 구원의 서정ordo salutis이라고 불리는 것"을 포함하지 않는다.[3] 칭의도 유사한 흐름 속에서 언급되고 있다. "즉, 칭의는 되는대로 그때그때 적용되는 구원의 방법이라는 추상적이고 무시간적인 체계로 환원될 수 없다." 로마

---

3) N. T. Wright, What Saint Paul Really Said (Grand Rapids: Eerdmans, 1997), pp. 4-0-41, 45, 60; cf. 32.

4) Ibid, pp. 118, 131, cf. 129. 나는 여기서 위에서 인용한 구절에 나타나는 무엇보다도 자신들의 한계 안에서 제기된 것으로 보이는 "무역사적"이라거나 "무시간적"이라거나 "추상적"이라거나 "쪼개진" 것이라거나 "되는대로 그때그때 적용되는"이라거나 하는 편견을 가진 표현들이 종교개혁과 복음주의적인 전통에 대하여 불공정하게 묘사하는 것이 아닌가 하는 것에 대하여는 논의하지 않으려 한다. 내가 보기에, 그들은 적어도 그 전통의 최상의 그리고 최고로 중요한 대변자들이 생각하는 것을 표현하고 있다.

서는 "어떻게 사람들이 구원을 받는 것인가, 어떻게 그들이 개인으로서 하나님과의 교제에 들어가는가 하는 것에 대한 어떤 쪼개진 진술이 아니다."[4]

새 관점은 폭넓고 공동체적이고, 구원사적이며, 언약적인 이스라엘과 열방과의 관계에 관심을 기울인다. 마땅히 그래야 할 것이다. 앞으로의 논의에서 드러나겠지만, 그런 관심이 바울에게 있을 뿐만 아니라 두드러진 것이라는 사실을 부인하기 어렵다. 그러나 새 관점은 이런 관심을, 바울이 죄로부터의 개인의 구원과 관련된 문제를 가르칠 때, 주변적인 것으로 간주하여 불확실하게 남겨두거나 혹은 심지어 무시하였다는 식으로 평가한다. 만일 바울에게 있어서 복음이나 칭의가 개인의 구원과 직접적으로 연결되지 않은 것이라면, 기껏해야 도대체 다른 어떤 곳에서, 어떻게, 그 관심을 표현하였는가 하는 것이 불분명하게 남을 뿐이다. 예를 들면, 라이트Wright는 "사람들이 '복음'을 말할 때에 그들이 일반적으로 '의미하는' 것을 바울이 편안하게 받아들였다"고 말한다.[5] 나는 단지 이것이 바울이 의미한 것이라고 생각하지 않는다. 아마 내가 발견하지 못했을 수도 있지만, 내게는 그 통상적인 의미를 바울이 지원했을 것이라는 사실을 증명할 만한 바울의 서신이나 다른 성경적인 근거가 전혀 분명하지 않다.

---

5) Ibid, p. 41

이런 정황들이 이 책에 반영되었다. 새 관점이 제기하는 것을 유보하거나 혹은 부인하는 것, 그리고 바울에게 있어서 구원의 서정이라는 문제의 중요성을 축소하거나 혹은 무시하는 것에 따르는 결과와 관련하여, 바울신학의 구조를 반성함으로써 이 흐름을 검증하는 것이 유익할 것으로 생각된다. 특히 새 관점이 제기하는 문제와 관련하여 바울의 구원론의 구조를 반성하는 것이 필요한 것으로 보인다. 내가 드러내고 싶은 핵심적인 문제는 어떻게 개인이 구원을 받아들이는가 하는 것에 대한 바울의 이해를 살피는 것이다. 이것이 적절하고 심지어 의미 있는 질문인 것인가? 만일 그렇다면, 바울이 그런 문제를 언급한 곳이 어디인가? 죄인에게 구원의 적용을 언급하고 있는 곳이 어디인가? 바울이 구원사historia salutis와 구원의 서정ordo salutis을 구별하는가? 만일 그렇다면, 그것이 어떻게 발생하며, 또 바울에게 구원의 서정이 어느 정도나 중요한 것인가? 바울신학에서 칭의의 자리는 어디인가? 칭의가 바울의 구원론에서 핵심적인 것인가? 이러저러한 질문이 우리의 관심을 사로잡게 될 것이다.

그런 질문이 방금 언급했던 바울에 대한 새 관점이 제기한 질문에 의해서 촉발된 것이기는 하지만, 그것을 논의하는 나의 일차적인 관심은 새 관점이나 이것을 대변하는 사람들의 주장을 상세하게 진술하는데 있지 않다. 오히려, 대부분의 경우, 새 관점은 나의 논의의 배경에 머무르게 될 것이다. 단지 바울신학, 특히 그의 구원론의 여러 측면들을 긍정적으로 표현하는 과정에서 필요한 만큼 끌어내도록 할 것이다.

긍정적인 측면을 언급한다고 할 때, 이것이 무엇을 의미하는 것인지 처음부터 분명하게 선을 긋는 것이 도움이 될 것이다. 나는 종교개혁의 바울과 그의 구원론에 대한 이해, 특히 칼빈과 고전적인 개혁신앙고백서들의 이해 안에서 작업할 것이다. 환언하여, 그 전통 안에서 나타난 것, 특히 바울신학의 구속사적이고 언약사적인 차원에 지배적인 관심을 두었던 게르할더스 보스 Gerhardus Vos나 헤르만 리데르보스 Herman Ridderbos의 성경적이고 신학적인 업적 위에서 작업하게 될 것이다.[6]

## 2. 신학자로서 바울 : 몇몇 근거들

바울의 구원의 서정 혹은 적용에 대한 우리의 일차적인 관심을 제시하기에 앞서, 목회자나 교회의 교사들 혹은 바울의 가르침이나 "신학"에 대하여 조금 더 분명하게 이해하기를 원하는 학생들을 위한 보다 일반적인 주제들에 지면을 조금 할애하는 것이 좋은 것으로 보인다. 이렇게 하는 것은 바울서신 전반을 지배하는 신학적인 주제들이 무엇인지 분명하게 하는데도 도움이 될 것이다. 대부분의 경우, 나는 논쟁하거나 혹은 새로운 것을

---

[6] G. Vos나 H. Ridderbos의 바울 연구의 대표적인 작품은 The Pauline Eschatology (Grand Rapids: Baker, 1979/1930)과 Paul: An Outline of His Theology (Trans. J. R. de Witt: Grand Rapids: Eerdmans, 1975)를 언급할 수 있다.

발견하기보다는 최소한의 적절한 형식을 유지하면서 나의 주장과 확신을 전개하려고 한다.

## 1) 성경신학

바울의 교훈, 특히 주요한 주제에 속하는 것과 관련한 관심은 조금 더 폭넓게 정의한다면 소위 "성경신학"Biblical Theology과의 대화라고 할 수 있을 것이다. 이러한 시도가 내포하는 것에 대하여 상당히 다른, 심지어 모순적인 측면들이 있기 때문에, 나는 간략하게나마 나 자신의 이해를 분명하게 할 필요가 있다. 이렇게 작업하는 것은 방법론적인 문제와 관련한 나 자신의 기본적인 원칙 가운데 얼마를 드러내게 될 것이다.[7]

성경신학은 성경의 저자 각 사람이 그 자신의 역사적인 정황과 상황에서 보여주는 독특한 공헌들에 대하여 관심을 표명하며, 그 저자들의 글이 내포하고 있는 생생한 역사적 성격에 주의를 집중함으로써 그 독창적인 언어가 내포하고 있는 구체적인 관심과 특정한 문제들을 다루는 것이다. 우리가 지금 언급하고 있는 여러 가지 이유로 이러한 접근이 특히 바울 연구에 적절하

---

[7] 이 섹션의 나머지 부분에 대한 나의 논평은 특별히 여전히 중요한 작품인 G. Vos의 Biblical Theology: Old and New Testaments (Grand Rapids: Eerdmans, 1948) 11-27쪽에 나타난 서문(Introduction: The Nature and Method of Biblical Theology)의 고전적인 입장을 따른다.

게 요청되고 있다.

그러나 성경신학적인 접근은 각각의 저자가 훨씬 더 큰 일련의 흐름 속에 있다는 사실, 즉 훨씬 광범위한 역사적인 정황의 한 부분이라는 사실을 인식하는 가운데 이루어져야 한다. 자신의 독특한 공헌과 더불어 각각의 저자는 하나님의 자기계시의 역사를 펼쳐내는 기능을 수행한다. 말의 형태를 지닌 하나님의 자기계시는 그것이 의도하는바 자체의 합리적인 구조를 가지고 있으며, 구속행위에 근거한 계시적인 언어를 해석하고 입증함으로써 언어로 된 계시와 나란히 형성된 구속사의 전반적인 역사라는 보다 넓은 전체의 한 부분이다. 큰 전망에서 보건대, 이 역사는 인간의 죄가 하나님께서 보시고 선하다고 규정하신 원原창조세계에 들어오면서부터 시작된 것이며, 여기에 그의 택한 언약백성들인 이스라엘의 역사를 포함하여, 하나님의 최종적이고 가장 숭고한 자기계시인 예수 그리스도의 인격과 사역에서 그 정점, 즉 마지막 순간에 이르기까지의 역사를 망라하는 것이다.

이 근본적인 구속사, 즉 계시의 역사를 구성하는 가장 분명하고 명백한 성경적인 근거는 히브리서 1장 1-2절의 "옛적에 선지자들로 여러 부분과 여러 모양으로 우리 조상들에게 말씀하신 하나님이 이 모든 날 마지막에 아들로 우리에게 말씀하셨으니"라는 말씀에서 발견된다. 우산-구조를 가진 서언적序言的 선언은 히브리서의 전체 메시지를 포괄한다. 환언하여, 그 자체로 계시 혹은 구속사의 큰 구조를 전체적으로 보여주고 있다.

어떻게 이 선언이 하나님의 언어사건의 상호 연관된 세 요소를 포괄하는지 주의를 기울여 보자. 내가 판단하기로 하나님의 언어사건은 행동으로 된 계시와 말로 된 계시를 포함하고 있다. ① 계시는 역사적인 과정으로서 분명하게 이해되고 있으며, ② 이 과정에 내포된 다양성이 강조됨으로써 특히 옛 언약계시, 즉 헬라어 원문의 구조상 처음부터 "여러 부분과 여러 모양으로"라고 번역된 선지자들을 통한 계시를 위하여 강조되고 있다. 저자의 시계視界 안에 있는 것이든 그렇지 않은 것이든 간에 이 다양성은 계시사啓示史를 규정할 수 있는 다양한 양식과 다양한 문학적인 장르를 주의하여 볼 수 있는 균형 있는 관점을 제공한다. ③ 그리스도는 이 역사의 마지막 날의 마침표를 찍는 분이시다. 즉 구속사 전체 과정의 종말론적인 목적을 성취하시는 분인 것이다.

이 세 요소는 우리로 바울 연구와 관련한 모든 중요한 것을 관찰하도록 한다. 게르할더스 보스Gerhardus Vos와 함께 우리는 바울이 "기독교의 자료를 체계화할 수 있는 가장 위대한 구성적 능력을 가진 천재"라고 말할 수 있을 것이다. 혹은 전혀 다른 측면에서 바울은 "기독교에 헌신된 사상적인 성현聖賢"이라고 언급했던 알버트 슈바이처A. Schweitzer의 견해를 수긍할 수도 있을 것이다.[8] 그럼에도 불구하고 의심의 여지없이 심오한 바울의 신학적 천재성이 그의 가르침에 대하여 생각하려고 하는 우리의

---

8) Vos, Pauline Eschatology, 149쪽과 A. Schweitzer, The Mysticism of Paul the Apostle (trans. W. Montgomery; New York: H. Holt, 1931), 377쪽.

궁극적인 관심사는 아니다. 또한 우리의 최종적인 관심사가 모든 면에서 심오하고 또 본받을만한 것인 그의 종교적인 경험에 있는 것도 아니다. 오히려 바울에 대한 우리의 가장 깊은 관심은 영광을 입으신 그리스도에 의하여 직접 부름 받은 사도로서의 바울, 즉 하나님의 계시의 수단으로서 바울이 그리스도 안에서 계시된 구원을 입증하고 설명하는 바로 그것에 놓인다. 우리의 끊이지 않는 관심사는 정점에 이른 구속사의 행동에 집중된 계시적 말씀을 바울에게서 듣고자 하는 것이다.

바울의 교훈에 관심을 기울임에 있어서, 우리는 바울이 데살로니가전서 2장 13절에서 자신의 설교에 대하여 반응하는 교회를 생각하며 스스로 언급했던 것처럼, 우리 자신의 말로 설명되어야 한다고 믿는다. 즉, 비록 바울의 설교가 1세기 지중해 지역에 살던 사람으로서 뿐만 아니라 제2성전 유대교에 뿌리를 가진 사람으로 자신의 것이 분명하며. 또한 자신의 개성이 분명하게 묻어나는 설교임에도 불구하고 "사람의 말로 받지 않고 하나님의 말씀으로 받았다"는 그런 관점이 반영되기를 바란다는 것이다. 이렇게 함으로써 우리가 바울을 해석할 때, 이 작품에 경건을 덧칠하거나 혹은 사실상 아무 상관도 없는 권위를 덧씌우는 것을 막을 수 있기 때문이다. 오히려 여기서 문제가 되는 것은, 바울 자신이 언급하는 진실성이라는 것, 즉 바울을 연구하는데 있어서 올바른 정신과 학문적인 방법론을 비롯한 필수적인 학문성이다.

우리 시대에는 좀처럼 사용할 수 없는 표현인 "바울의 교훈이 하나님의 말씀이다"라는 사실은 형식에 있어서만큼 자료에 있어서도, 그 내용에 있어서뿐만 아니라 구전적oral이고 성문서적written인 형식에도 적용된다. 그것을 부인하는 것, 텍스로서 그 텍스트가 하나님의 말씀이라는 사실을 부인하는 것, 이 둘 사이 즉 텍스트와 하나님의 말씀 사이의 어떤 불연속성을 상정하는 것, 혹은 양자 사이의 긴장을 발견함으로써 불연속성을 상정하는 것, 설교의 과정에서 선택된 언어적 현상으로서 텍스트 안에 변증법적으로 구체화된 하나님의 관심사와 상황성의 차이를 발견함으로써 불연속성을 상정하는 것과 같은 행위는 순전히 인간적인 판단에서 기인한 것이며, 문제성이 농후하고 잘못된 일이다. 이런 행위는 계몽주의나 후기 계몽주의, 즉 포스트모더니즘적인 시도로서 바울에게는 낯선 것일 수밖에 없다는 사실을 기억해야 한다. 적어도 우리가 바울의 디모데후서 3장 16절이라든가 관련된 다른 구절들을 있는 그대로 받아들일 때, 이런 판단을 내릴 수 있다.

바울의 교훈의 하나님 말씀적인 특징이 의미하는 바를 여기서 한두 가지 언급할 수 있을 것이다. 하나의 중요한 방법론적인 생각은, 바울의 서신과 관련된 정경이외의 텍스트라든가 혹은 자료를 포함하여 그가 살았던 역사적인 상황의 여러 다양한 측면들에 주의를 기울이면서 그의 서신을 해석할 때, 이 서신과 일차적으로 그리고 특징적으로 관련된 상황은 이미 정경적인 canonical 상황이라는 사실이다. 모든 것을 통괄하고 주도하는 상황은 서신 전체가 시작되는 큰 배경으로서 성경의 나머지 부분이 제공하는 상황의 지평이 확장된 것에 지나지 않는 것이다. 이것은 바울의 서신에도 적용된다. 이 근본적인 해석학적 입장은 어떤 추상적인 성경의 원리에 예속되지 않는다. 어떤 것에 의해서 무시될 수도 없고, 모든 생각을 붙잡아 매는 닻과 같은 이것이 바로 구속사적인 요소인 것이다. 바울의 서신들은 계시의 역사가 펼쳐질 때에 정경적인 범주 안에서 그들의 기원과 그들의 고유한 위치와 그들의 의도된 기능들을 가지고 있으며, 그 역사의 한 부분 한 부분의 합인 전체로서 성경, 즉 정경은 우리가 계시에 접근할 수 있는 유일한 규범인 것이다.

하나님의 말씀으로서 바울신학의 핵심적인 부분은 확실히 그 명료성에 달려있다. 종교개혁이 전체로서의 성경을 인정하고 고백하였을 때, 실제로 이 책을 관통하는 전제와 확신은 당시의 교회에서 핵심적인 역할을 수행했던 바울의 교훈이 명료하다는 사실에 근거하였던 것이다. 그 중심적인 요소들 가운데 몇 가지가 나중에 우리의 관심을 사로잡게 될 것이다.

바울신학을 이해하고 공교하게 만드는데 필요한 일차자료와 관련하여 나는 신약에 나타나는 13개 모두를 취할 것이며, 사도행전의 후반부에 나타난 자료들, 특히 그곳에 기록된 그의 연설과 여타의 강연 자료들을 사용하게 될 것이다.

## 2) 바울을 해석할 때의 문제들

바울신학의 본질적인 명료성을 확정하는 것은 꼭 언급해야 할 어떤 문제를 무시하는 방식으로 이루어져서는 안 된다. 이와 관련한 중요한 인용문은 그 문제가 무엇인지 분명하게 지적한다. 19세기 독일의 신약학자들인 아돌프 폰 하르낙Adolf von Harnack과 프란츠 오버벡Franz Overbeck이 자리를 같이하고는 "누구도 바울을 이해한 사람이 없었으며, 바울을 이해했던 유일한 사람인 마르시온Marcion도 바울을 오해했다"고 말했을 때, 알버트 슈바이쳐Albert Schweitzer는 하르낙에 대한 오버벡의 지적을 신중하게 거론한다.[9] 보다 최근에 헤르만 리데르보스Hermann Ridderbos는 바울신학 해석사를 통람通覽하는 과정에서 고린도후서 11장 23절에서 26절에 나타난 바울 자신의 사역에 대한 평가가 그 역사history에 대한 적절한 기술을 제공한다는 사실을 관찰한 바가 있다. 즉 "셀 수 없이 여러 번 맞았으며, 죽음의 위협에도 자주 빠졌으며, 세 번 파선하였고, 동족으로부터의 위험과 이방인으로부터의 위험과 거짓 형제들로 인한 위험에 빠진 적이 있습니다."라는 표현은 역사적인 기술이라는 것이다.[10]

---

9) Schweitzer, Mysticism, p. 39. 각주 1.

10) H. Ridderbos, "Terugblik en uitzicht," in G. C. Berkouwer and H. A. Oberman (eds.), De dertiende apostel en het elfde gebod. Paulus in de loop der eeuwen (Kampen: Kok, 1971), pp. 189–97, 특히 190쪽.

여기서 내 강조점이 이 진술이 어느 정도로 믿을만한 것인가를 언급하려는 데 있는 것은 아니다. 확실히 오버벡Overbeck의 역설적 비관주의는 옳지 않은 것이다. 그러나 그런 주장은 교회의 역사를 관통하여 지금까지 이어져온 바울신학을 해석하는 것이 내포하는 문제의 본질을 부인할 수 없다는 사실을 보여준다. 사실상 신약 그 자체가 이 상황에 대한 단초를 포함하고 있다. 바울해석상의 문제가 얼마나 오랜 연원을 가진 것인가 하는 것만을 지시하는 것이 아니라, 이것을 명백하게 정경적인 전망에 둔다는 사실이 더 중요하게 파악해야 할 점이다.

베드로후서 3장 16절에서 바울서신에 대한 한 일반화를 발견할 수 있다. 베드로는 "바울의 모든 서신에서"라고 말함으로써 당시에 회람回覽되던 바울서신의 특정한 내용 가운데 이해하기 어려운 내용들이 있었던 것을 지적하고 있다. 베드로는 이러한 것들이 이 상황의 어두운 측면을 드러내며 교회를 향한 영원한 경고로서 "무식하고 어리석은 자들이 다른 성경에 대하여 그러한 것처럼, 그것을 억지로 해석함으로써 멸망에 이르는" 경우가 있다는 사실을 언급한다는 것은 의심의 여지가 없다. 어쨌거나, 하나님의 말씀으로서 바울신학을 언급할 때 지적했던 것처럼, 이 진술은 베드로후서가 쓰일 그 당시에 이미 전체로서 바울서신이 구약과 동등하게 그리고 성경으로서 이해된 사실에 대한 신약 그 자체의 증거라는 사실을 잘 보여준다.

바울서신을 이해하는데 있어서 제기되는 전반적인 어려움에 대한 베드로의 주장은 구체적으로 그 어려움을 구성하는 것이 무엇인가 하는 질문을 제기하도록 우리를 강요한다. 즉시 마음에 떠오르는 것은 해석자의 측면에서 제기되는 한계들, 예컨대, 무지와 죄와 의도적인 왜곡과 같은 것을 본문에 집어넣는 경향이다. 그러나 베드로는 그가 언급하고 있는 죄악된 왜곡과 구별된 어떤 것을 염두에 두고 있는 듯하다. 즉 본문에 내포되어 있는 어려움, 본문이 본래적으로 가지고 있는 어떤 난해성難解性을 거론하고 있다는 것이다. 우리가 그 어려움이 무엇인가를 질문할 때, 의심의 여지없이 하나 그 이상의 문제들이 연관되어 있다는 사실을 받아들여야 한다. 예를 들면, 고린도전서 2장 10절에 따르면, 전체로서 자신의 사역에 본질적인 어떤 생각을 전개하려는 그런 문맥에서, 바울은 "하나님의 깊은 것"과 관련된 것이 성령을 통하여 자신에게 계시되었다는 사실을 언급하고 있다. 바울의 가르침의 중심인 명료성이 하나님의 불가해성의 관통할 수 없는 깊이에 착근되어 있을 뿐만 아니라 그것으로부터 흘러나온다. 로마서 11장의 말미에 나타난 송영은 이 불가해성에 대한 놀라운 표현 가운데 하나인 것이다.

그러나 이것이 우리의 문제라는 점에서, 이어지는 교회 세대와 관련하여 특별히 언급해야만 하는 것은, 이 문제가 그의 서신이 내포하고 있는 "현장성"occassional이라는 측면에서 비롯되는 난해성과 연관되어 있다는 사실이다. 신학자인 바울은 교리적인 논문을 우리에게 제공하는 것이 아니라 특정한 교회의 상황과 연관된, 특정한 상황과 조건과 연루되어 기록한 진짜 편지를 제공하고 있다. 상당한 정도로 목회적일뿐만 아니라 실천적인 관심사가 항상 서신서에 반영되어 있다. 심지어 교리적인 반성이 반영되어 있는 로마서의 각 부분에서도 이 사실이 두드러진다. 균형이라는 측면에서 볼 때, 특정한 상황에서 비롯된 반성과 또한 고도의 송영적인 성격을 가진 바울서신은 일종의 통합적인 사고체계와 신학적인 사고의 정합성을 드러내는 문서이기도 하다.

그래서 바울을 해석함에 있어서 진정한 어려움은 그의 서신서에서 우리가 고도의 지성적인 작업을 전개하고 논리체계를 구성하는 천재적인 사상가를 대면하게 된다는 것이다. 교리적인 정향이 매우 분명하고 자신을 특정한 교회적 상황과 문제에 붙들어 매고 씨름하는, 그럼으로써 신학적으로 비정형화된 모습으로, 비조직적인 모습으로, 혹은 비주제적인 형식을 견지하는 모습으로 자신을 표현하는 바울이라는 사상가를 대면하게 된다는 것이다. 바울은 다만 그의 서신과 그가 행한 설교를 통해서만 접근할 수 있는 신학자이다. 비록 그의 서신이 신학적인 논문은 아니라고 하더라도 그 서신을 통하여 우리는 신학자인 바울을 만나고 있다는 사실을 부인하기는 힘들다.

우리와 같이 역사적인 거리를 가지고 있는 사람들에게 이 어려움을 가중시키는 또 다른 요소는 그의 몇몇 서신이 주로 그가 이전에 가지고 있던 인간관계라든가 혹은 포괄적인 이해와 같은 우리에게는 상세하게 알려지지 않은 선행先行하는 이해라는 배경을 염두에 두고 쓰였다는 사실에 있다. 이에 대한 좋은 예는 데살로니가후서 2장 1절에서 12절에 걸쳐서 나타나는 "불법의 사람"과 같은 것이다. 6절의 "지금도 너희가 아나니"라는 말씀에 근거할 때, 그 당시의 사람들은 그가 누구인지 알고 있었다. 환언하여, 바울의 이 서신의 원原독자들은 다소간 분명하게 그가 누구인지 알 수 있었던 것으로 보이는데, 그 이후의 해석자들에게는 철저하게 혼란스러운 그리고 실질적인 합의에 도달하기 어려운 난제로 남겨진다는 것이다. 예를 들어, 이 구절과 관련하여 보스Vos는 40쪽 이상을 이 문제를 논의하는데 할애하였으나, 이 최선의 그리고 결정적인 주석조차도 그것이 무엇을 의미하는지는 최종적으로 완성이 되어야 비로소 알 수 있는 것이라는 다소 의외의 결론을 맺고 말았다![11]

오랜 기간 바울을 연구하였던 내가 발견한 하나의 유비를 소개하자면, 그의 서신을 얼음산의 가시적인 부분과 비교하는 것이다. 표면위로 드러난 것은 감추어져 있는 전체 산의 단지 작은 덩어리에 불과한 것이다. 따라서 손에 쥔 것, 즉 얼핏 한눈에 본 것은 어쩌면 사태를 속이는 것일 수 있을 정도다. 이 유비를 보다 더 사실적인 묘사를 통하여 논의하는 방법은, 웨스트민스터 신앙고백서 1장 6절에 표현된 해석학적인 원리를 통하여 설명하는 것이다. 즉, 성경의 교훈은 명백한 진술일 뿐만 아니라 "유익

---

11) Vos, Pauline Eschatology, 133쪽.

하고 꼭 필요한 결과를 위한 것"이기도 하다는 것이다. 특별히 바울의 경우, "유익하고 꼭 필요한 결과"라는 문제와 씨름할 뿐만 아니라 때때로 짜증스러울 정도로 복잡한 문제와 더불어 씨름하려는 준비가 된 사람에게 그의 서신 전체는 신학적인 의미로 가득 차게 된다. 베드로후서 2장 16절이 우리에게 경고하는 것처럼, 이렇게 그의 서신 자체 내에 내재하는 어려움과 난해성 때문에 바울에 대한 광범위한 해석적 여지가 상존(常存)하게 되는 것이다.

이러한 난해성과 더불어 하나의 중요한 경고를 분명하게 밝혀둘 필요가 있다. 즉, 균형을 유지하기 위하여, 우리는 이러한 난해성을 지나치게 강조함으로써 보다 분명하고 기초적인 사실을 인식하고 확정하는 것까지 양보해서는 안 된다는 사실을 밝혀두어야 하겠다. 이로 보건대, 베드로가 바울을 해석하는데 있어서 "일부가" 아닌 "모든 것"이 "이해하기 어렵다"고 한 것은 아니었다.

### 3) 신학자로서의 바울

지금까지 나는 바울의 "신학"을 언급하였고, 그를 "신학자"라고 지칭하였다. 대부분의 사람들에게는 이런 것이 문제가 되지 않을 것이지만, 이런 식의 언급은 조금 더 분명한 해명이 필요하다고 느끼는 사람들이 있을 것이다. 왜냐하면, 어떤 사람들에게는 이것이 기껏해야 하나의 문제로서 여겨질 수 있기 때문이다. 여기서 고려해야 할 사항은 이런 식의 접근이 바울을 기껏해야 "우리 가운데 하나와 같은 신학자의 수준으로 끌어내릴 수 있다"는 사실이다. 바울을 신학자로 보는 것은 그와 그의 신학이 고작해야 어떤 상대적인 권위만을 가진 것처럼 보이게 할 수 있으며, 우리가 그에게 어떤 특별한 지위를 부여하려고 할지라도, 결과적으로 그의 신학이 원칙상 다른 어떤 신학보다 더 권위가 있는 것이 아니라는 인상만 심어줄 뿐이라는 것이다. 이런 염려는 결코 상상想像에 속한 것만은 아니다. 지난 150여년에 걸쳐 이루어졌던 바울에 대한 역사-비평적인 접근들을 통해서 그것을 분명하게 확인할 수 있었으며, 특히 바울신학에 대한 바우르F. C. Baur(1845)에게서부터 제임스 던James Dunn(1998)에 이르는 학자들이 쓴 중요한 저술에서 그런 경향이 분명하게 드러난다.[12]

이런 수준의 위험을 상쇄할 수 있는 것은 바울의 정체성을 "사도로서" 규정하는 것이다. 적어도 우리가 사도성을 적절하게 이해한다면, 그리고 그의 교훈을 하나님의 말씀으로 규정한 우리의 앞선 평가를 견지한다면, 그의 사도적 정체성의 형식적인 의미를 무용지물로 만들지는 않을 것이다. 비록 내가 여기서 소개할 수

---

12) Baur는 바울신학과 관련한 저술을 처음으로 발표한 사람으로서 독특한 위상을 가진 것으로 볼 수 있다.

13) 사도적 권위를 포함하여, 신약의 사도성에 대한 방대한 문헌 가운데 다음을 참고하라. Herman Ridderbos, Redemptive History and the New Testament Scriptures (trans. H. De Jongste; revised by R. Gaffin, Jr; Phillipsburg, NJ: Presbyterian and Reformed, 1988), pp. 1-52.

는 없지만, 주의 깊은 주석은 그리스도의 사도는 승귀하신 그리스도께서 자신에게 권위 있게 말씀하신 것을 유일독특하게 권위 있게 표현할 수 있는 자라는 사실을 보여줄 수 있을 것이다. 이런 면에서 그러한 사도는 그리스도 자신과 방불한 것이다.[13]

따라서 신학자인 바울은 사도인 바울이다. 바로 이 사실이 그의 교훈은 하나님의 숨결이 불어 넣어진 독특하고 유일한 권위를 가진 것으로서 하나님의 말씀의 성격을 가진다는 사실을 보여준다. 이 사실이 그의 신학과 그 이후의 신학, 즉 사도 후대의 신학 사이의 급진적이고 범주적인 차이를 주목하게 한다. 다른 성경 저자들의 교훈과 나란히 그의 교훈도 하나님의 성령이 불어넣어진 것이며 정경적이고 초석礎石과 같은 역할을 하게 되는 것이다. 범주적인 차이를 명시함으로써 우리의 신학을 포함하여 그 이후의 모든 신학은 성령의 이끄심을 따르는 것이긴 하지만롬 8:13, 성령이 불어넣어지지 않았다는 점에서벧후 1:21 바울의 그것과는 다른 것이다. 우리의 신학은 비非정경적이며, 바울의 신학에서 파생된 것에 불과한 것이다.

그러나 앞에서 말한 사실과 더불어 신학자로서 바울을 이해하려는 시도의 적절성과 가치가 간과되어서는 안 된다. 다시 말하거니와, 그 가치는 이미 언급했던 구속사적인 사실과 관련된 것이다. 타락 이전의 상황에 대하여는 우리가 아는 바가 거의 없고, 이와 관련한 성경의 기록이 매우 희귀하기 때문에, 바울의 교훈을 포함한 모든 구두verbal의 계시가 구속사의 하나의 기능이며, 그 역사의 어떤 특정 시점에 착근된 "사실"로서 기능하게 되는 것이다. 바울의 경우에, 구속사Redemptive History는 그리스도의 죽음과 부활에서 그 정점頂點에 도달하였고, 이제 그의 재림을 기다리는 형국을 드러낸다.

따라서 바울의 신학과 우리의 신학 사이의 중요한 차이와 나란히, 그러한 차이를 강조하는 것이 우리가 공동으로 가진 자산이기도 하다. 구속사라는 측면에서 볼 때, 우리는 바울과 또한 다른 신약의 저자들과 공동의 구속사적인 초점focus 혹은 공동의 관심을 공유하며, 더 나아가서 공동의 구속사적인 맥락context에서 신학을 전개하게 된다는 말이다. 이와 관련하여, 데살로니가전서 1장 9절에서 10절은 특별한 교훈을 제공한다. 그곳에서 바울은 어떻게 그 교회가 "우상에서 떠나 하나님께로 돌아와 사시고 참되신 하나님을 섬기게 되었으며, 하나님께서 죽은 자들로부터 다시 일으키신 예수, 즉 우리를 도래할 심판으로부터 구원하실 그의 독생자의 하늘로부터 오심을 기다리게 되었는지"를 언급하고 있다.

여기서 나는 예수님께서 다시 오실 때까지의 모든 시간과 장소에 있는 교회들을 위한 영속적인 말씀을 보게 된다. 달리 말하여, 교회가 가져야 할 근본적인 정체성을 본다. 그리스도인은, 비록 불완전하긴 하지만, 살아계시고 참되신 하나님을 섬기기 위해서 모든 우상들을 끊어버린 자들이며, 이것이 그리스도의 죽음과 부활, 그리고 그분의 재림 사이에 상정된 근본적인 조건이며, 그리스도인은 이 근본적인 조건 안에서 바로 이 예배를 드러내야 할 사람들인 것이다. 따라서 우리가 바울신학을 다룰 때뿐만 아니라, 우리가 신학할 때에조차 구속사적으로 정향된 이 "기다리는 예배"의 한 측면이 드러나야 하는 것이다. 이것이 내가 보기에, 우리의 신학을 불필요한 추상성으로부터 보호하는 길이며, 신학의 진정한 구체성 혹은 현장성을 촉진하는 중요한 요소인 것이다. 만일 당신이 그렇게 하길 원한다면, 이것이야말로 궁극적인 "상황화"contextualization인 것이다.

바울을 신학자로 파악할 때의 문제는 성경이 우리의 신학의 내용뿐만 아니라 우리가 어떻게 신학 해야 하는가 하는 신학방법에 있어서, "정경"으로서 기능하는지의 여부이다. 만일 우리가 특히 조직신학에서 그런 것처럼, 성경이 가르쳤고 또한 포함하고 있는 교리의 체계[14]에 관심을 기울인다면, 조직화하고 통합하는 과제를 수행하는 방법론이 신약성경 그 자체가 지향하는 방법이어야 하고 또한 그것이 잘 드러나도록 유념해야만 할 것이다.

신학 작업에 있어서 이러한 측면을 강조함으로써, 나는 웨스트민스터신앙고백서 1장 6절이 확정하는 것과 근본적으로 다른 어떤 것을 말하려는 것이 아니라는 사실을 밝혀둔다. 즉, "성경

---

14) 이런 관점은 웨스트민스터 표준 문서가 지향하는 형식이다.

의 교훈은 성경에 분명하게 표현된 것일 뿐만 아니라, 유익하고 꼭 필요한 결과가 성경에서 연역될 수 있다"는 사실에 반反하여 신학하지 않는다는 것이다. 하지만 나는, 우리가 여기서 언급하고자 하는 것과 관련하여 "유익한" 것이 있다면, 우리 자신과 신약의 저자들 사이의 구속사적인 연속성을 적극적으로 인정할 것이라는 점을 분명하게 밝혀둔다. 특히 신학의 내용에 있어서나 방법론에 있어서 바울이 "유익하고 꼭 필요한 결과"를 성경으로부터 연역하는 것이 진실로 "유익하고 꼭 필요한 것"이라는 사실에 공헌하는 바가 있다면 그것을 찾아 적극적으로 반영하겠다는 것이다.

### 4) 성경신학과 조직신학

바울을 신학자로 볼 때, 성경신학과 조직신학의 관계라는 매우 오랫동안 논의된 문제에 대하여 몇 가지 짚고 넘어갈 것이 있다. 첫째, 바울신학을 탐구할 때에 성경신학을 하면서도 우리는 또한 조직신학을 하고 있다는 사실을 주의 깊게 고려해야 한다. 혹은 보다 좋게 말한다면, 우리의 성경신학적인 탐구가 불가피하게 조직신학적인 영향을 받고 있다는 사실을 인정해야 한다. 조직신학은 사실상 건전한 성경적인 해석에 그 실존을 두고 있다는 의미에서 철저하게 비사색적non-speculative인 신학일 수밖에 없기 때문에 그렇다. 주석exegesis은 조직신학의 혈관이며, 따라서 조직신학의 방법은 근본적으로 주석적이다.

따라서 조직신학은 아마도 조금 큰 틀을 가지고 분석하는 학문으로 적절하게 특징지어질 수 있을 것이다. 부연하면, 성경의 대하-이야기, 즉 "전체로서의" 성경의 "통일된" 교훈을 여러 가지 주제 loci – 신론, 창조론, 인간론, 구원론, 교회론 등등 – 아래 제시하는 학문이라고 할 수 있다. 조직신학의 특징적인 관심사는 성경적 문서의 배후에 있는 역사의 다양한 측면과 관점을 고려하면서 각각의 주제를 조화와 일관된 통일성을 유지하면서 설득력 있게 드러내는데 있다. 하나님 자신이 이런 문서들의 제일저자라는 사실은 우리가 항상 직면하게 되는 문제와 불확실성이라는 현실에도 불구하고 사실상 통일성과 조화를 찾아내는 것이 가능하다는 사실을 보증한다.

조직신학과 성경신학의 관계와 관련하여, 이제 성경신학은 조직신학이 추구하고 또 그것으로부터 도출하는 주석을 제공하고 결정하는 일과 떼려야 뗄 수 없는 관계를 맺고 있다. 그래서 많은 사람들이 그러는 것처럼, 성경신학은 일차적으로 순수하게 역사-기술적인 임무를 수행하는 역사-비평적인 방향을 가진 것으로 이해하는 반면에, 조직신학은 기독교 진리를 동시대적이고 규범적인 방식으로 진술하는 것으로 이해하여, 양자兩者를 다소간 독립적인 학문인 것처럼 주장하는 것은 아주 잘못된 일인 것이다. 그 결과는 현재 광범위하게 확산되고 있는 것처럼 양자의 관계를 이원화하거나 혹은 양극화하는 데 이르게 된다.

오히려 양자 사이에는 규범으로서 성경에 대한 공동의 관심사를 축으로 전후의 순환관계가 유지되어야만 한다. 특히, 바울신학에 관심을 기울이려고 할 때 최소한 암시적으로나마 조직신학적인 태도를 견지해야 하며, 이는 동일한 구속사적인 초점과 더불어 공동의 구속사적인 맥락 내에서 신학 작업을 하는 것을 의미한다. 이 순환의 관계는 특히 종교개혁이래로 신학의 역사와 바울의 해석이 뒤엉켜 있는 바울의 경우, 더욱더 분명하게 요청되며 피할 수 없는 방법론이 된다. 이런 이유로, 우리의 바울 연구의 방향을 결정하려고 할 때, 우리 연구의 결과를 신학사와 연결하려고 시도하는 이 책에서는 더욱 뚜렷하게 견지해야 하는 방법이다.

둘째, 바울을 해석하는데 있어서 하나의 특권으로 작용하는 정경적인 맥락에 관하여 앞에서 언급한 내용을 마음에 새기면서, 바울신학이 고립된 상태로 혹은 그 자체로서 최종적인 목적으로 연구되지 않도록 하는 것이 성경신학의 임무이며 조직신학의 임무라는 사실을 본질적으로 견지해야 한다. 다른 신약 및 구약의 교훈이라는 빛과 나란히 혹은 그 빛 안에서 순환적으로 이 연구가 이루어질 필요가 있다. 지배적인 요소인 이 정경적인 중심은 내가 보기에 바울에 대한 새 관점주의자들에게서는 충분히 사려 깊게 고려되지 않고 있는 것처럼 보인다. 바울신학을 그 자체의 용어와 그 자체의 역사적인 정황 속에서만 파악하려고 하는 것은 결과적으로 고립된 길을 걷는 것이며, 정경적인 맥락으로부터 그리고 전체로서의 성경이 내포하고 있는 하나님이 의도하신 기능으로부터 무의식적으로 분리되는 우憂를 범하게 된다.

이와 관련하여, 2세기에 이미 있었던 한 부정적인 예인 마르시온Marcion의 경우가 일방적인 "바울주의"Paulinism에 반대하는 교회를 향한 항구적인 경고로 봉사할 수 있을 것이다. 복음을 왜곡하는 일에 바울을 사용하려는 경향은 결단코 상상 속에만 있는 위험은 아니다. 얼마 지나지 않아서 테르툴리아누스Tertullianus가 바울을 "이단들의 사도"hereticorum apostolos라고 부른 일은 이유가 없지 않은 것이다. 교회사를 관통하여 현재에 이르기까지 일련의 예들은 마르시온의 상속자들이든 아니든 간에 이런 표현의 적정성을 잘 담지하고 있다.

바울 연구와 관련한 이러한 일반적인 반성reflections을 마음에 새기면서, 이제 우리는 구원의 서정에 대하여, 즉 구원이 개인으로서 그리스도인에게 어떻게 적용되는 지에 대하여 그의 교훈을 생각하려고 한다.

제2장

# 구원의 서정과 바울신학의 "중심"

바울이 구원의 서정ordo salutis을 염두에 두었는가? 그의 교훈에 나타난 구원의 적용에 어떤 특별한 순서가 있는가? 이와 관련된 어떤 패턴과 문제들이 그의 관심의 범주 안에 포함되어 있는가? 이 질문에 답하기 위해서 무엇보다 먼저 구원의 서정이라는 비밀스러운 표현이 무엇을 의미하는지에 대한 분명한 언질이 주어질 필요가 있을 것이다.

지금까지 사용된 구원의 서정은 두 가지 특징적인 의미를 가지고 있는데, 하나는 일반적인 의미이고 다른 하나는 보다 정교한 의미이다. 후자의 의미, 즉 보다 상세하고 보다 전문적인 의미는 관행적이고 보다 통상적인 용법과 관련되어 있다. 이것은 논리적 혹은 인과적, 혹은 심지어 시간적인 순서, 혹은 다양하고 불연속적인 구원의 행동과 은덕의 순서라는 의미를 가진다. 즉 이런 것들이 개인으로서 죄인의 실제적인 삶에서 펼쳐지는 논리적인, 혹은 인과적인, 혹은 시간적인 순서를 의미한다는 것이다.[15] 그러나 구원의 서정이라는 표현은 아직 정해지지 않은 것, 혹은 특별한 어떤 순서와 상관없이 심지어 방금 언급된 것 가운

---

15) 이차자료들이 정확하다는 가정 하에서 구원의 서정ordo salutis의 첫 번째 활용은 경건주의가 발흥하는 18세기에 이런 의미로 사용되었으며, 이때로부터 이 용어가 채용되어 결과적으로는 루터교회와 개신교정통파에서 광범위하게 사용되었다.

데 하나의 의미로 사용되기도 한다. 보다 일반적인 의미에서, 이 단어는 영단번의 사건으로서 헤르만 리데르보스가 채용하는 라틴어인 구속사historia salutis와 구별된 용어로서 구원의 지속적인 적용을 지시할 수도 있다.[16]

바울에게서 구원의 서정이라는 문제를 제기함에 있어서, 나는 우선적으로 단번에 모든 성취를 의미하는 구속사와 구별된 후자의 의미, 즉 방금 언급했던 보다 더 일반적인 의미로서 구원의 적용을 염두에 둔다. 여기서는 일단 그 적용의 특정한 형태가 무엇인지, 혹은 그 윤곽이 무엇인지는 언급하지 않을 것이다. 이것을 질문의 형태로 다시 바꾼다면, 바울이 지속적인 구원의 적용이라는 생각을 품었는가? 하는 것이 될 것이다. 거부할 수 없는 그의 구속사적인 방향성을 견지하면서 개인의 구원의 적용이라는 문제를 과연 염두에 두었는가? 혹은 달리 질문하여, 그가 그런 문제에 대하여는 거의 어떤 관심도 기울이지 않았는가? 앞 장에서 거론했던 것처럼, "한 개인이 어떻게 구원받을 수 있는가?" 하는 질문에 대하여 관심을 기울였는가?[17] 달리 질문하자면, 어떻게 은혜로운 하나님을 얻을 수 있을까? 하는 루터의 고

---

16) 이 구별histotia salutis-ordo salutis은 헤르만 리데르보스가 처음 사용한 것으로 보인다. 나는 그의 논문이전의 어떤 곳에서도 이 구별을 발견한 적이 없다. "The Redemptive-Historical Character of Paul's Preaching," in When the time Had Fully Come: Studies in New Testament Theology (Grand Rapids: Eerdmans, 1957), pp. 44-60, at pp. 48, 49. 이 표현은 그의 저서 Paul에서도 반복적으로 나타난다. pp. 14, 45, 63, 91, 등등.

17) Wright, What Saint Paul Really Said, p. 60.

뇌에 찬 질문이 바울에게는 "전혀" 낯선 것인가? 혹은 최소한 그것에 대하여 "특별한" 관심이 없었던 것인가?

바울에게 있어서 구원의 서정이라는 이 문제에 대한 답은 확정적으로 답변되어야 한다. 그 답변은 일차적으로 바울이 믿음을 언급하고 있는 서로 다른 그리고 상대적인 방식에서 확정적으로prima facie 찾아질 수 있을 것이다. 예를 들어, 데살로니가교회는 "주의 말씀"이 성공적으로 퍼져나가도록 기도할 것을 권고받지만, 그들에게 "모든 사람이 믿음을 갖는 것은 아니라"살후 3:1-2는 사실을 주지시킨다. 죽음에 직면하여, "신앙하는" 그리스도인들은 "소망을 갖지 않은 나머지 사람들"살전 4:13-14과 같지 않다. 또한 신앙의 분명한 초점인 그리스도와 더불어 "네가 만일 믿으면 구원을 받을 것이니"롬 10:9라고 언급한다. 유사하게 빌립보감옥의 간수의 "무엇을 하여야 구원을 얻을 수 있습니까?"라는 명백히 구원의 서정과 관련된 질문은 "믿으라……그러면 구원을 받을 것이다"행 16:13라는 답변과 조우한다.

그래서 그리스도께서 완성하신 구원은 그리스도를 향한 신앙이 현재하는 곳에서만 효력 있게 실현되고 적용된다. 이와 관련하여, 모든 것이 신앙과 연관되며, 그 모든 것은 "신앙으로써" 효력을 발휘하게 된다. 따라서 철저하게 바울적인 것은 17세기 정통파 개신교 교의학dogmatics의 원리와 같은 것이다: "적용이 없이는 구속은 구속이 아니다."Dempta applicatione, redemptio non est redemptio."[18]

본서本書의 영문 제목인 "By Faith, Not By Sight"에 대한 간략한 논평이 여기서 주어질 필요가 있을 것이다. 많은 독자들이 이것이 고린도후서 5장 7절인 "우리가 믿음으로 행하고 보는 것으로 하지 않는다"라는 말씀을 반영하고 있지 않은가 생각할 것이다. 근접문맥에서 볼 때, 바울의 일차적인 관심은 그리스도인들의 육체적인 부활뿐만 아니라 죽음으로써 육체를 떠나 그리스도와 함께 있는 것과 관련되어 있다. 따라서 7절은 육체의 부활은 현재 만질 수 있는 그런 현실이 아니라 미래의 희망이라는 사실을 지적하는 것이다.

그러나 육체의 부활이라는 특정한 초점을 놓치지 않으면서 격언조의 울림과 함께 이 진술은 미래를 향하여 열린 시각을 가진 바울이 교회가 그리스도 안에서 계시된 구원을 현재 어떻게 소유하고 있으며, 또 그 구원의 경험 안에서 어떻게 사는 것이 그리스도인의 삶인지에 대하여 말하고 있는 전체 내용을 들여다 볼 수 있는 핵심적인 창문窓門으로서 봉사하고 있다. 논의가 진행되면서 보다 분명해지겠지만, 이 구절은 그 교훈의 핵심적인 측면을 바라볼 수 있게 하는 중요한 렌즈로서 기능하게 될 것이다.

---

18) "Dempta applicatione, redemptio non est redemptio"; 헤르만 바빙크가 구원의 서정De Heilsorde에 대하여 길고 중요한 논의를 전개하던 과정에서 인용된 것이다. Gereformeerde Dogmatiek (Kampen: Kok, 1976) 3권 520쪽. 개혁교의학Gereformeerde Dogmatiek의 영역본이 존 볼트가 편집장으로 수고하는 화란개혁교회 번역협회의 번역을 통하여 베이커 출판사에서 곧 출판될 것이다.

## 1. 바울신학의 "중심"

만일 우리의 전반적인 관심이 바울에게 있어서 구원의 서정의 문제라면, 혹은 어떻게 바울이 개인적이고 공동체적인 측면에서 구원의 실제적인 적용을 보았는지에 대한 것이라면, 그 방법이 무엇인지, 혹은 그 절차는 어떤 것인지 하는 것들이 우리가 해결해야 할 문제가 될 것이다. 바울의 의도가 그런 것이었던 것이 분명하다면, 우리가 어떻게 이 문제에 대답해야 하는 것인가? 바울의 전체적인 의도를 왜곡시키지 않으면서, 혹은 바울의 전반적인 이해의 구조에 낯선 그런 어떤 우리의 관심사를 바울에게 덮어씌우는 그런 위험을 최소화하면서 이것에 대하여 언급할 수 있는 길이 무엇인가?

절차와 관련된 관심은 바울신학의 중심이 무엇인가? 하는 것과 관련될 때, 훨씬 더 심각한 문제가 되며, 특히 그 중심이라는 단어가 문제의 핵심이 될 것이라고 나는 생각한다. 그러나 오늘날 어떤 사람들은 바울신학이 중심을 갖는다는 사실을 언급하는 것은 문제가 있다고 느끼고 있는 실정이다. 그래서 우리는 적어도 간략하게나마 여기서 그 문제를 논의할 필요를 느낀다. 과연 바울신학이 "중심"을 가지는가?

몇 가지 유보들에도 불구하고, 만일 중심이라는 의미가 마치 선택이라든가, 혹은 구원이라든가, 혹은 하나님이라든가 하는 것이 유일한 핵심 개념이어서 그것으로부터 모든 것이 연역될 수 있는 것처럼 엄격하고 매우 협소하게 규정되지 않는다면, 바울이 어떤 중심을 상정한다는 사실을 부인하기 어렵다. 그렇지만 동시에 특별히 그의 서신의 상황적인 성격은 어떤 정형화된 격언과 같은 범주의 자료를 우리에게 제공함으로써 논의의 여지 없는 자명한 사실을 전달하지 않는다는 사실도 아울러 기억할 필요가 있다.

"중심"이라는 메타포를 통하여 내가 의미하는 바는, 바울서신에서 일련의 잘 정리된 관심사를 찾아낼 수 있으며, 그런 이해구조 안에서 다른 어떤 사람들에게보다 바울에게 더 중요한 문제가 무엇인지 분명하게 볼 수 있다는 것이다. 확실히 바울은 다양한 전망을 고용하였을 것이고, 또한 그렇게 할 만한 충분한 이유가 있었을 것이지만, 그의 다양한 관심사 각각은 동등한 개념가概念價를 갖거나, 혹은 동등한 무게로 다른 개념들을 지배하지는 않을 것이다. 아마도 관심사를 원의 구조로 그려본다면, 중심에 가까운 원이 있고 상대적으로 중심에서 먼 원이 있다는 사실을 거론할 여지가 있을 것이다. 이런 의미에서 바울신학이 중심을 갖는다는 사실을 가정한다면, 과연 그것이 무엇일까? 그의 중심적인 관심사의 주제가 무엇인가? 그리고 보다 더 중요한 사실은 우리가 어떻게 그 중심적인 관심사를 적절하게 규정할 수 있는가? 하는 것이다.

아마도 이 질문에 대답할 수 있는 길은 하나 이상일 수 있을 것이지만, 최상의 그리고 가장 안전하고 유용한 길은 바울 자신의 글에서 이런 것과 관련된 구절을 찾아서 그것을 분명하게 요약하거나, 혹은 그의 다른 말에서 그것에 상응하는 공관적인 기능이 있는지 여부를 확인하거나 아니면, 바울이 이미 선재하는 어떤 형식을 차용하는 것인지 여부를 따져보는 것이다. 달리 말하여, 우리의 관심사는 다소간 분명하게 자신의 핵심적인 관심사를 표현하는 그의 진술에 놓인다.

여기서 그런 자료를 완전하게 보여주려는 시도는 하지 않을 것이다. 다만 여기서는 "예수는 주님이시다"고전 12:3라는 기본적인 고백과 로마서 10장 9절에서 10절에 나타나는 예수를 부활하신 주로서 고백하는 신앙고백문의 형식에로 확장된 구절에서 논의를 시작하려고 한다. 바울의 신학적인 인식론을 포함하여 사도로서의 그의 사역을 전체적으로 아우를 수 있는 근본적인 요소가 무엇인지 분명하게 보여주는 구절은 고린도전서 1장 18절에서 3장 22절까지의 내용이다. 2장 2절에서 바울은 "내가 여러분과 함께 있는 동안 예수 그리스도와 그의 십자가에 못 박히신 것 이외의 어떤 것도 알지 않기로 작정하였습니다"라고 주장한다. 바울의 배타적이고 포괄적인 인식의 끝은 십자가에 달리신 그리스도이다. 아주 비슷한 내용을 담고 있는 갈라디아서 6장 14절에는 "나는 우리 주 예수 그리스도의 십자가 외에는 어떤 것도 결단코 자랑하지 않을 것입니다"라는 말씀이 기록되어 있다. 유사한 주장이 이미 선재하는 신앙고백적인 요약을 채용한 디모데후서 2장 8절에서 "나의 복음을 따라, …… 죽은 자들로부터 부활하신 예수 그리스도를 기억하십시오."라고 나타난다.[19]

로마서를 시작하면서, "하나님의 복음을 위하여 따로 세워진" 롬 1:1 바울로서 자신을 언급하는데, 이 때 그 복음은 이미 선재하는 형식을 반영하는 것으로서, "육체를 따라서는 다윗의 씨에서 나셨고, 성결의 영을 따라서는 죽은 자들로부터 부활하심으로써 하나님의 아들로 선언되신 그의 아들"에 관한 것이라는 사실을 밝힌다. 아마 바울이전의 신앙고백적 형식의 한 파편으로 보이는 로마서 4장 25절에서 다시 확실하게 자신의 관심사를 요약하여 제시한다: "그는 우리의 죄를 대신하여 넘겨진바 되었으며 우리의 의를 위하여 부활하셨습니다."

여기서 분명한 사실은 그런 요약적인 진술에서 비롯되는 상(像)이다. 바울이전의 또 다른 신앙고백 형식을 갖춘 것으로 인정되는[20] 빌립보서 2장 6절에서 11절에 나타난 사실도 이 상을 바꾸지는 못한다. 초점은 그리스도이며, 규정되지 않고 정의되지 않은 방식으로가 아니라 꼭 집어서 그의 죽으심과 부활에 고정된 그리스도이다.

---

19) NIV성경에는 "나의 복음을 따라"가 "이것이 나의 복음이다"로 번역되었다.
20) 역자의 보충이다.

특별히 바울과 관련하여, 이 사실이 가치가있는 것은, 적어도 칼빈이 이 사실을 지적한 것만큼 이른 시기에 형성된 관찰로서, 성경에서 죽음만 언급하는 것이나, 혹은 부활만 언급하는 것은 제유법의 범주에 속한다는 사실이다. 환언하여, 어떤 하나를 언급하는 것은 항상 바로 그 의미로 다른 하나를 언급하고 있는 것이다. 이 둘이 분리될 때 이해할 수 없는 것이 된다. 하나는 다른 하나의 의미를 규정짓기 때문이다.

### 1) 고린도전서 15장 3절에서 4절

방금 언급했던 이 구절은 바울신학의 중심을 규정하려는 의도를 가지고 인용된 것이었다. 그 목적을 위하여, 특히 도움이 되는 것은 그 목적에 부응할 수 있을 만큼 핵심적이며, 또한 충분히 그 이슈와 관심사를 적절하게 규정할 수 있는 진술들을 택하는 것이다. 이와 관련하여, 가장 유용하며 간략할 뿐만 아니라 다른 어떤 제안보다도 더 직접적인 구절로서 아직까지 언급하지 않은 구절이 고린도전서 15장 3절에서 4절이다. 이 구절에서 바울은 확실하지는 않지만 적어도 이미 선재하는 고백형식을 활용한 것으로 보인다. "내가 전수받은 것 가운데 무엇보다 중요한 것을 여러분에게 전수하였는바, 성경에 따라 그리스도께서 우리의 죄를 대신하여 죽으셨다는 사실, 그분이 장사지낸바 되었다는 사실, 그분이 성경에 따라 제3일에 부활하셨다는 사실이 그것입니다."

바울의 교훈의 전반적인 맥락에서 볼 때, 이 진술은 내가 간략하게 진술하고 나중에 정교하게 논의하려고 하는 여러 가지 핵심적인 관찰을 반영하고 있다. 첫째, 전치사구인 "$\dot{\varepsilon}\nu\ \pi\rho\dot{\omega}\tau o\iota\varsigma$"를 어떻게 읽을 것인가 하는 것이다. 거의 모든 주석가들은 시간적인 의미라기보다는 질적인 의미로서 "먼저"라는 뜻으로 읽는 경향을 보이고, 대부분의 영어번역도 이런 측면을 살려서 "중요성에 있어서 먼저"라는 형태로 옮긴다. 그래서 바울은 우리에게 자신의 궁극적인 관심사, 혹은 초점, 더 분명하게 말하자면, "중심"이 그리스도의 죽으심과 부활에 있다는 사실을 분명하게 말하고 있다.

더 나아가서 1절과 2절 – "형제들이여, 이제 나는 여러분들에게 내가 여러분들에게 선포했던 그 복음을 상기시키려 합니다." – 에서 보는 바로는 이 중심이 확실히 바울이 전파하는 복음의 중심이다. 당연히 그 중심은 보다 더 넓은 전망을 보게 한다. 1절에서 바울이 고린도교인들 사이에서 행했던 자신의 사역을 전체적으로 반영하고 있다는 사실을 읽을 수 있다. 그의 선포의 단지 한 부분이 아니라, 혹은 그의 교훈의 단지 한 측면만이 아니라, 그의 메시지 전반이 이와 관련되어 있다. 이 사실은 바울의 신학이 그의 복음이며, 따라서 그의 신학은 "복음을 중심에 둔 신학"gospel-theology이라는 사실을 우리에게 알려준다. 혹은, 원을 중심으로 볼 때 바울신학의 중심은 복음이고, 복음의 중심에는 그리스도의 죽으심과 부활이 있는 형국이다. 따라서 전체 구조의 초점으로서 바울신학의 복음-중심성은 그리스도의 죽으심과 부활인 것이다.

둘째, 그리스도의 죽으심과 부활은 아무런 의미가 없는 고립되고 해석되지 않은 사실로서 파악된 것은 아니다. 두 가지 사실을 적시할 수 있다. 그 하나는 죽으심과 부활이 "성경을 따라" 일어난 사건이라는 사실이다. 즉, 죽으심과 부활은 유대인의 성경을 성취하는 것으로서, 구약의 약속의 성취로서 그 고유한 의미를 가진다는 것이다. 또한 죽으심은 "우리의 죄를 대신하는"으로서 언급된다. 따라서 바울의 복음-신학의 중심에는 성경의 약속을 성취하는 것으로서 그리스도의 부활과 나란히 그의 죽음이 자리하고, 그 죽음과 부활은 인간의 죄 및 그 결과와 관련되어 있다는 사실에 그 고유의 의미가 놓인 것이다.

이 사실은 이 구절에서 자연스럽게 제공될 뿐만 아니라, 다른 사람들이 이미 언급했던 것을 다시 강조하는 다음과 같은 근본적인 결론으로 우리를 인도한다. 즉, 다른 어떤 것보다도 그 중심을 구성하는 바울신학의 중심은 그리스도의 죽으심과 부활이며, 혹은 더 폭넓게 이야기하자면, 메시아적인 고난과 영광, 혹은 그의 비하와 승귀라는 결론에 도달하게 된다.

이 결론과 더불어 그리고 바울에게 있어서 구원의 서정 혹은 적용이라는 문제를 의식적으로 주목하면서도, 바울의 복음-신학의 중심은 그리스도의 사역에서 비롯되는 이런저런 은덕들이나, 이신칭의나, 혹은 신자들 안에서의 성령의 사역과 같은 데 있는 것이 아니라, 그분의 승귀에서 절정에 이르는 그 사역 자체에 있다는 사실을 충분히 생각할 필요가 있다. 달리 말하여, 우리가 바울에게 있어서 구원의 서정 문제를 거론할 때, 우리는 그의 핵심적인 초점은 구원의 서정ordo salutis이 아니라 구원의 역사historis salutis에 있다는 사실을 깊이 유념해야 한다는 것이다. 혹은, 우리가 앞으로 자세하게 살피게 되겠지만, 이 구분에 있어서 잘못된 것이 무엇인가 하는 인상을 남기지 않기 위해서 바울은 구속사적인 초점을 축軸으로 하여 개인적인 구속의 적용이라는 문제에 관심을 기울인다.

이제 충분히 제기할 수 있는 질문으로서 과연 이 결론이 칭의, 혹은 바울의 교훈에 있어서 성령의 사역과 같은 측면을 "비非중심적"인 것으로 파악하게 하는 것인가? 내가 앞으로 진행하는 과정에서 분명하게 보여주게 되겠지만, 그 답은 전혀 그렇지 않다는 것이다. 그러나 이 결론이 종교개혁에서 시작된 것과 강조점에 있어서 어떤 차이를 상정하는 방식으로 그러한 은덕들을 파악하게 할 것이다. 보다 더 적극적으로 말하자면, 이제 우리는 이 변화에서 비롯되는 발전이 무엇인지 언급하게 될 것이다.

로마교회와 갈등을 겪던 종교개혁시대에는 바울신학의 중심이 칭의라는 사실이 폭넓게 인정되었다. 엄밀한 의미에서 볼 때, 이것을 이런 식으로 언급하는 것은 시대착오적인 것이다. 종교개혁자들과 바로 그 후대의 신학은 바울신학이라는 용어로, 즉 그의 교훈을 하나의 구별된 단위로 취급하지 않았다. 그러한 접근은 계몽주의에서 비롯된 역사–비평적인 성경연구의 영향의 결과로서 나타난 18세기 성경신학의 발흥과 더불어 제기된 상대적으로 보다 최근의 발전에 속하는 것이다. 우리가 앞에서 지적했던 것처럼, 바우르F. C. Baur(1845)에게서 비로서 바울신학이라는 구별된 이름이 사용되기 시작한 것이다.

그러나 일반적으로 볼 때, 종교개혁 전통에서 바울은 일차적으로 오직 믿음sola fide으로 말미암는 칭의를 설교한 사람으로, 혹은 대변한 사람으로 읽혔다고 말하는 것은 분명한 사실이다. 달리 말하여, 법정적인 관심, 죄책으로서 죄와 관련된 관심, 죄와 하나님의 심판으로 인하여 형성된 죄책으로부터의 해방과 관련된 관심이 중심적인 것이었음이 사실이기 때문이다. 이러한 법적인 관심사가 바울에게 지배적인 것으로서 주장되었다.

그러나 애초부터 다른 사람들은 칭의가 바울의 중심적인 관심사가 아니라는 사실을 주장함으로써 이러한 종교개혁의 인식을 도전하였다. 이런 흐름은 역사-비평적인 관점에서 성경을 읽는 사람들에게서 특히 지배적이었다. 슈바이쳐Albert Schweitzer와 같은 몇몇 사람들은 칭의는 다른 무엇이 아니라, 어떤 특정한 상황에서 효율적인 것으로 이용되었던 것으로서 전술적인 교훈일 뿐이며, 따라서 보조적인 문제라고 주장하였다. 이 관점에 따르면, 바울의 일차적인 관심은 혼란스럽게 하고 파괴시키는 힘인 죄에 있었고, 따라서 내면적인 갱신과 인격적인 변화와 관련된 그리스도와의 인격적인 교제와 성령의 사역과 같은 것에 놓여있었다. 따라서 이런 범주에 속하는 것으로서 "윤리적", "영적", "신비적", "관계적", 혹은 "참여적"인 측면들이 바울의 신학에서 중심적인 것이 된다.

종교개혁 때로부터 상대적으로 최근에 이르기까지 바울의 신학적 중심과 관련된 토론은 구원의 개인적인 적용에 치중되는 경향이 있었다. 달리 말하여, 구원의 서정과 관련된 문제인 구원의 적용이 관심의 대상이었던 것이다. 더 정확히 말하여, 문제가 된 것은, 그 중심이 개인의 이신칭의인지, 아니면 인격적 갱신과 성화에 있어서 성령의 내적인 사역인지, 그렇다면, 이 양자는 어떻게 관련되는지? 하는 것이었다.

지난 세기를 지나는 동안 이런 간략한 역사적인 윤곽을 채워줄 수 있는 점증하는 하나의 경향이 있었는데, 그것은 바울과 관련하여 하나의 새로운 합의점이 성경 연구의 큰 맥락에서 점차 나타났다는 사실이다. 이것은 예수님의 왕국이 현재 이 땅에 임하였다는 선포에 대한 새로운 인식과 더불어 일어났다. 바울에 앞서서 예수님에게서도 그런 것처럼 바울신학의 지배적인 초점은 종말론이거나, 혹은 그것과 상응하는 것으로서 구속사 historia salutis라는 사실이 광범위하게 인식되었다. 특별히 바울신학의 중심이 그리스도의 죽으심과 부활이 갖는 종말론적인 의미에 놓이게 되었다.

내가 보기에, 이 근본적인 결론은 건전한 것이며, 현재까지 논의가 건강하게 지속되고 있고, 이미 언급한 것처럼, 고린도전서

15장 3절과 4절이 제공하는 바울신학을 꿰뚫어볼 수 있는 렌즈이다. 더 나아가서, 이것은 바울에게 있어서 구속사 historia salutis와 구원의 서정 ordo salutis의 관계와 관련한 일반적인 질문을 제기하며, 필연적으로 보다 복잡한 문제로서 바울에게 있어서 칭의의 자리가 어디이며, 구원에의 개인적인 참여의 이런저런 측면들이 어떻게 중심으로서 그리스도의 죽으심과 부활에 연결되는지 하는 질문으로 이어지게 된다. 이제 이와 관련된 질문을 자세하게 살피려고 한다.

### (1) "성경에 따라"

고린도전서 15장 3절과 4절로 다시 돌아가서 볼 때, 강조되어야 할 사실로서 성취를 지시하는 "성경을 따라"라는 표현은 상대적인 것이 아니라 절대적이고 궁극적인 것이다. 이 최종성 혹은 궁극성은 문자 그대로 종말론적인 성격을 가지고 있다. 여기서 다시 나는 이미 많은 독자들이 알고 있을 법한 문제를 개괄하려고 한다.

방금 전에 언급했던 것처럼, 20세기를 지나면서 현저하게 나타나는 바울 연구와 관련한 최근의 의견 일치의 한 국면이 바울의 종말론이 이중적인, 혹은 타원형의 초점을 가지고 있다는 사실이다. 그에게 있어서 종말론은 그리스도의 재림뿐만 아니라, 그리스도 안에서 이미 발생한 죽으심과 부활이라는 관점에서도 규정되어야 한다. 바울이 가르치는 종말론은 교회와 관련하여서는 부분적으로 이미 현재하는 것이며 동시에 실현된 것이다.

내가 보기에, 전반적인 바울 해석사의 발전을 바라볼 때, 바울이 이해하고 있는 실현된 종말론에 대한 상대적으로 최근의 광범위한 이해는 바울에 대한 진짜 "새로운 전망"을 보여준다. 이것이 지난 수십 년간의 신학적인 발전보다 더 광범위한 함의를 가진 것으로서 여타의 어떤 것보다 훨씬 더 중요한 내용인 것이다. 이 재발견의 괄목할 만한 영향이 여전히 교회의 생生과 교리, 설교와 교육에 미치고 있다는 사실을 나는 관찰하고 있다. 나중에 이 문제에 대하여 조금 더 깊이 있는 논의를 하게 될 것이다.

이 간략한 연구의 목적과 관련하여, 우리는 갈라디아서 1장 4절의 "하나님 아버지께서 죽은 자들로부터 일으키신" 예수 그리스도께서 "자신을 우리의 죄를 대신하여 내어주심으로써 우리를 이 현재 악한 세대로부터 구원하십니다"라는 말씀과 더불어 논의를 시작하려고 한다. "우리의 죄를 대신하여"라는 표현은 고린도전서 15장 3절의 말씀과 직접적인 연결이 있으며, 성취적인 관점과 연결되어 있다. "현재의 악한 세대"라는 표현은 바울의 "이 세상" 혹은 "현 세대"와 "올 세대" 사이의 구별을 반영하고 있으며, 또한 제2성전 유대교와의 구별, 그리고 그것으로부터 신약 안으로 취하여 들인 것, 그리고 구약에 확고하게 뿌리박은 것 사이의 구별을 반영하고 있다. 에베소서 2장 21절에서 볼 때, 바울은 이 세대가 여러 가지 계기들을 통하여 발생한다고 언급하고 있으며, 이는 갈라디아서 1장 4절에서도 확인된다. 사실상 두 세대 구조는 창조로부터 완성에 이르는 모든 역사를 포괄한다. 하나가 다른 하나를 뒤따른다. 창조 안으로의 죄의 유입과 그 결과로서 타락이 초래되었고, 따라서 두 세대는 반립적 antithetical인 성격을 갖는다. 이 세대는 죄와 타락과 죽음으로 인하여 특징화된 종말 이전의 질서이며, 올 세대는 의와 생명의 종말론적인 완성과 관련된다.[21]

갈라디아서 1장 4절에 따르면, 그리스도의 죽음이 초래한 결과로서 그의 죽으심의 목적은 교회를 죄와 그 결과로 특징지어지는 이 세상적인 질서로부터 구원하는 바로 그것이다. 더 나아가서, 그 구원으로부터 신자들을 도래하는 세상의 질서, 즉 충만한 종말론적인 삶으로 특징지어지는 새롭고 최종적인 창조 안으로 이끌어내는 의미를 가진다. 이 구원은 확실히 인격적이고 개인적인 것이면서 또한 명백하게 집단적이고 포괄적이며 심지어 우주적이며 "영원한" 차원을 가진다.

비슷한 진술이 바울서신에서 편만하게 발견된다. 예를 들어, 골로새서 1장 13절의 "그가 우리를 어둠의 통치로부터 불러내어 그의 사랑받는 아들의 왕국kingdom 혹은 통치에로 옮기셨습니다"라는 말씀에서는 구원의 적용에 대한 윤곽이 포괄적으로

---

21) 이 문제와 관련하여 생산적인 기능을 수행하는 헬라어 단어 $ai\acute{\omega}\nu$은 어떤 특별한 양면가치를 가진다. 역시 중요한 단어인 히브리어 עוֹלָם도 원래 포괄적인 면에서 시간과 관련된 단어로되 비슷한 정도의 공간적인 함의도 가지기 때문에 결과적으로 시공간적인 의미로서 "이 세상적 시간"이라는 의미를 가진다는 것이다. 따라서 이 세대$ai\acute{\omega}\nu$은 고정된 기간의 현 세상적인 질서이다. 제2성전 배경을 가지고 있는 다소 오래된 그러나 여전히 유용한 바울의 두 세대 구조를 위해서는, Vos, Pauline Eschatology, 제1장 ("The Structure of Pauline Eschatology"), 1-41쪽, 특히 36-41쪽을 보라.

나타난다. 구원은 그 차원에 있어서 전체주의적이다. 이는 하나의 지배로부터 또 다른 지배로 옮겨지는 것과 연관된 것으로서, 노예 삼는 죄의 지배로부터 그리스도의 자유케 하는 통치에로 옮겨지는 것이다. 다시 갈라디아서 6장 14절로 돌아가서 볼 때, 자서전적이면서 또한 모든 신자들의 대표로서 갈 2:20 "우리 주 예수 그리스도의 십자가로 말미암아 이 세상이 나에게 대하여 십자가에 못 박혀 죽었으며, 내가 이 세상에 대하여 십자가에 못 박혀 죽었습니다"라고 말할 때, "이 세상"은 결과적으로 "현 세상" 혹은 "현재의 이 악한 세대"인 것이다. 1장 4절에서보다 더욱 분명하게 여기서 알 수 있는 사실은, 그리스도의 죽으심과 부활에서 비롯되는 종말론적인 구원이 이미 현존하는 실재 reality가 되었다는 것이다. 고린도후서 5장 17절에서 "그리스도 안에 있는 자"는 단순히 "새 피조물"인 것이 아니라, 보다 더 정확한 번역을 취한다면 거의 확실히 "새 창조"인 것이다. 그리스도와 연합한 신자는 이미 하나님의 새롭고 최종적인 창조질서에 참여한 자이다. 나중에 이 문제를 보다 더 정확하게 고찰하게 될 것이다.

### (2) "우리의 죄를 대신하여"

종말론적인 성취와 나란히 고린도전서 15장 3절과 4절에 나타나는 그리스도의 죽으심과 부활과 연관된 의미의 두 번째 요소는 "우리의 죄를 대신하여"라는 표현과 직결되어 있다. 우리가 지금까지 이 구절의 요약적인 본질이라고 생각했던 관점에서 볼 때, 그리고 갈라디아서 1장 4절에 관하여 우리가 논의했던 그런 빛에서 볼 때, 이 구절에서 죄가 포괄적으로 언급되고 있다는 사실을 기억하는 것이 최선일 것이다. 이 경우, 죄는 모든 측면에서, 그리고 죄에서 비롯되는 결과의 총체성이라는 차원에서 파악되는 것이다. 더 나아가서, 이 구절이 확실하게 보여주는 것은 17절에 나타나는 "다양한 죄"로 귀결되는 것이다. 즉 그리스도의 부활의 부재不在는 "여러분이 여전히 여러분의 죄 안에 거하는 것"으로 결과한다는 사실을 바울이 교회를 향하여 말하는 것이다. 여기서 그의 강조점은 그들이 어떤 몇 가지 면에서만 죄를 범하고 있는 반면에, 그 외의 나머지 죄들은 그리스도의 죽으심으로 인하여 제거된 것이 아니라, 죄의 부패하게 하고 죽음에 이르게 하는 결과들이 계속되고 있다는 사실에 있다. 보다 적극적으로 말하자면, 전반적으로, 큰 변화 없이 "죄 안에" 거하고 있다는 사실을 의미하는 것일 뿐이다.

확실히 중요한 것으로서 잊지 말아야 하는 것은, 죽으심과 부활에 초점을 맞추고 있는 고린도전서 15장 3절과 4절과 같은 중심적인 구절에서 성경의 성취와 나란히 전개되는 아주 독특하고 중요한 측면이 있는데 그것이 죄이며, 방금 언급한 것처럼, 그 죄는 포괄적으로 이해되어야 한다는 사실이다. 바울에게서 그리스도의 부활이 죄와 관련하여 반복적으로 파악되는 것은 사실 그렇게 놀랄 만한 일이 아니다. 사실상, 바울은 죄 그리고 그 죄의 결과와 상관없이 그리스도와 그의 행위를 위한 어떤 논의도 전개하지 않는다. 아담의 죄와 그 죄의 보편적인 부패와 상관없이는롬 5:12-19 마지막 아담 그리스도도 아무런 필요가 없게 된

다: "그리스도 예수는 죄인을 구원하러 이 세상에 오셨습니다"딤 전 1:15. 바울이 동원한 이미 존재하는 여러 다른 형식들과 비슷하게, 이 사실은 그리스도의 죽으심의 합당한 의미, 혹은 그리스도의 사역의 구체적인 내용을 요약한다. 바울에게 있어서 기독론과 구원론은 동일한 용어coterminous이다. 달리 말하여, 구원론적인 관심사와 관련되지 않은 기독론적인 관심사를 바울은 고려하지 않는다.

이런 의미에서, 현재 사용되고 있는 보다 광범위한 용례에서 볼 때, 죄가 비참plight이라면 그리스도는 해결책solution이며, "이것은 죽기까지, 심지어 십자가에서 죽기까지 순종함으로써" 빌 2:8 이루어진 것이다. 확실히 그 비참은 이 해결의 빛에서 그 의미가 더 분명해진다. 그러나 이 비참은 해결과 상관없이도 존재하는 사실이며, 또한 뚜렷하게 그리고 보편적으로 분명한 사실이다. 이 비참을 숨기려고 하는 곳이나, 혹은 이것을 부인하려는 상황에서나 할 것 없이롬 1:18-20 분명하다. 달리 말하여, 이 비참은 결정적인 사실이다. 이런 이유로 해결은 치료여야만 한다. 이것을 위하여 해결책이 존재하며 이 비참과 상관없는 해결은 해결일 수 없는 것이다.

그래서 만일 우리가 구원의 순서를 포함하여 구원에 대한 바울의 이해를 파악하려면, 죄에 대한 그의 이해가 무엇인지 이해해야 한다. 만일 우리가 충분히, 그리고 적절한 방식으로 바울이 그리스도의 죽으심과 부활에 대하여 가르친 것과 그리스도의 죽으심과 부활로 말미암아 획득된 구원의 은덕들이 죄인에게 실질적으로 적용되는지를 파악하려고 한다면, 우리는 바울이 죄에 대하여 뭐라고 가르쳤는지를 정확하고 충분하게 알고 있어야만 한다. 부정적인 방식으로 이것을 표현한다면, 그리스도의 죽으심과 부활을 중심으로 한 바울의 교훈의 명료성과 정합성은, 문제가 되고 있는 죄와 관련한 그의 교훈에 대한 결함투성이인 부정확한 이해를 가지고는 결코 충분히 파악할 수 없다는 것이다.

이 교훈은 그리스도인으로서 바울의 실존적인 이해에 속하는 것이라는 사실을 우리는 덧붙여야만 한다. 그리스도 안에서 계시된 구원의 빛에서, 그리고 기독론적인 빛에서 읽은 구약성경에 대한 바울의 정확한 이해의 빛에서, 파악된 죄의 깊이와 중심성은 바리새인으로서 사울, 그리고 그가 전에 전형적인 것으로 파악했던 제2성전 유대교를 넘어서는 것이다.

결과적으로 우리가 핵심적인 측면으로서 죄에 대한 바울의 이해가 무엇인지에 대하여 조금 더 관심을 집중하는 것은 가치있는 것이며, 꼭 필요한 일이라는 결론에 도달하게 된다. 그의 기독론과 구원론에 대한 괄목할 만한 집중과 아울러 보다 최근의 토론도 역시 중요한 문제인데, 특히 구원론의 공동체적이고 교회론적인 차원들, 그리고 죄에 대한 바울의 이해는 걸맞은, 그리고 적절한 주목을 끌지 못한 것이 사실이다. 아울러 지금까지 많이 논의되었던 바울의 율법관도 고려되어야 할 중요한 전형적인 문제라는 사실을 나는 주목하고 있다.

## 2) 죄[22]

　　죄와 그 결과에 대한 바울의 이해는 특히 로마서에서 광범위하고 다양한 관점에서 논의되었다. 무엇보다도 처음부터 마지막까지 죄는 "신神중심적"이다. 이것은 일차적으로 하나님을 대항하는 것이며, 파생적으로 자아自我를 포함하여 인간을 대항하는 것이다롬 1:18-32; 엡 4:17-19. 따라서 죄는 "관계적"relational이며, 혹은 더 분명하게 표현하자면, "반反관계적"이다. 죄는 본질상 하나님께 반항하는 것이며, 하나님-형상-담지자로서고전 11:7-9 피조물이 하나님을 창조주로서 인정하지 않는 행동이다. 바울을 연구하는 동시대의 분위기에서 볼 때, 우리가 앞으로 살피려고 하는 이 관계적인 요소를 지나치게 과장하는 것은 어려운 일이다. 그럼에도 불구하고 죄는 하나님과의 사귐을 의지적으로 거절willful rejection한 행위이다. 이 거절은 하나님을 창조주로서 인정하기를 거절한 것을 의미하며, 그에게 의존하며 감사하는 마음으로 살아갈 것을 거절하는 것을 의미한다롬 1:19-21a. 아주 깊숙하게 뿌리 내린 창조주와 피조물 사이의 적대감이 죄인 것이다.

　　불가피하게 이제 죄는 우상숭배이며 "하나님의 진리를 거짓 것"으로 바꾼 것이며, 셀 수 없는 방식으로, 예배에서나 봉사에서

---

22) 이 섹션에서는 앞선 연구에서 내가 길게 논의했던 자료들을 활용하는 바이다. "The Scandal of the Cross: Atonement in the Pauline Corpus," in C. E. Hill and F. A. James III (eds.), The Glory of the Atonement: Essays in Honor of Roger Nicole (Downer Grove, Il: InterVarsity Press, 2004), pp. 145-53.

"창조주보다 피조물을 더 섬기는" 행위이다 롬 1:25. 결코 회피할 수 없는 혹은 부인할 수 없는 방식으로 창조주-피조물의 관계를 반관계적인 것으로 바꾸어버림으로써, 죄는 특히 깊숙하게 뿌리 박은 하나님을 향한 적대감이며, 결과적으로 다시 불가피하게 하나님의 형상을 따라 창조된 타인과 자아를 대항하는 헤아릴 수 없을 정도의 반항인 것이다 롬 1:26-27, 29-31; 갈 5:19-21; 엡 4:19.

방금 언급한 것처럼 관계적인 의미로서 죄는 또한 "불법적" illegal인 것이며, 이것이 단순히 관계적인 것에 부가된 혹은 주변적인 것은 아니다. 관계적이라고 할 때, 이것은 그 관계 안에 내재하는 불법인 것이다. 이 불법성은 바울이 죄를 묘사할 때 사용하는 다양한 어휘에 반영되었으며, 그 대부분의 경우 이것은 하나님의 의지와 법에 일치하지 않는 것이었다. "율법으로는 죄를 알게 됩니다"라고 말함으로써 바울은 율법을 정언적定言的인 것으로 확언한다 롬 3:20; 7:7-13. 하나님 자신처럼 그리고 그에게 속한 사람들에게서처럼, "율법은 거룩하고, 계명도 거룩하며 의롭고 선한 것입니다" 롬 7:12. 하나님의 계시된 뜻으로서 율법은 죄를 규정하고 드러낸다. 이 율법은 죄의 기준이고 그 기준을 따라 인간의 자율의 표현인 교만과 반항과 우상숭배와 적대감과 같은 것이 죄가 되며, 또한 죄로서 자신을 확연하게 보여준다. 바울에게 있어서 죄의 본질적이고 핵심적인 측면은, "하나님의 법에 미치지 못한 것이거나 혹은 하나님의 법을 범한 것"이며, 이것은 청소년을 위한 웨스트민스터 신앙교육서 제14문답과 일치하는 것이다.

바울이 "율법" 혹은 "그 율법"을 언급할 때면 거의 항상 하나님께서 모세를 통하여 시내산에서 이스라엘 백성들에게 준 그 법조문을 염두에 두었다. 바로 그 법조문이 그리스도 때까지의 언약사의 전숲기간을 특징짓는다. 바울은 또한 그 시대에 속한 성문서로서 율법은 그리스도의 오심을 통하여 종결되었다는 사실을 분명하게 견지한다 롬 6:14; 7:6; 10:4; 고후 3:6-11; 갈 3:17-25. 그러나 동시에 방금 인용한 로마서 7장 12절과 같은 구절에서, 혹은 십계명 가운데 여러 개가 교회에 대한 구체적인 권면으로 기능하고 있는 로마서 13장 9절과 같은 구절에서, 혹은 하나님의 계명들을 언급하는 고린도전서 7장 19절과 같은 곳에서, 바울은 그 핵심에 있어서 "율법 중의 율법"인 모세의 법은 모세시대를 거슬러 규범적인 것으로서 기능한다는 사실을 인정한다. 그 율법 안에 포함되어 있는 명령들은 처음부터 창조주와 피조물의 관계와 직결된 것이며, 하나님이 누구이신가 하는 문제를 담고 있기 때문에 규범적인 것이다. 시내산에서 주어진 율법, 즉 십계명의 중심에는 하나님의 뜻이 계시되어 있고, 따라서 이방인이나 유대인의 구별을 넘어, 시간과 장소와 상관없이 하나님의 형상을 담지한 피조물들에게 규범적인 것으로 주어진 것이다.

따라서 관계로서의 죄는 본래적으로 불법적인 것과 관련된 것이며, 성경과 창조세계에 계시된 하나님의 뜻을 범하는 것이다. 바울에게서 죄가 죄책을 필연적으로 동반하는 것은 바로 이 때문이다. 종류가 무엇이든 간에 죄는 하나님 앞에서의 죄책감을 동반하며, 죄책감이야말로 하나님과 죄인 사이의 깨어진 관계라는 중심에서 비롯되는 것이다.

죄는 또한 "보편적"universal이다. 로마서의 논쟁의 첫 주요 부분의 결론에서 인간의 죄의 보편성을 증명하려는 의도와 더불어 유대인이나 비유대인 "모두 죄를 범하였다"롬 3:23; 롬 3:9, 19는 사실을 바울은 분명하게 언급한다. 모든 인간이 실제로 죄를 범했기 때문만이 아니라, 출생부터 모든 인간이 죄인이기 때문에, 죄는 보편적이다. 모든 인간은 죄를 향한 성향을 가진 채로 이 세상에 등장한다. 그것 자체가 죄요 따라서 정욕적인 것이다. 이것이 바울이 로마서 5장 12절에서 19절 사이에서 논증하고자 했던 핵심이었다는 사실을 나는 기정사실로 받아들인다. 바울이 "타고난 죄책Original guilt을 믿은 것이 아니라 타고난 죄Original sin를 믿는다"[23]고 말하는 것은 사도가 결코 생각하지 않았던 구별을 끌어들이는 것이다. 바울은 전가된 죄이든지, 타고난 기질이든지, 혹은 실제적인 죄를 범하는 것이든지 간에 죄책을 유발하지 않는, 그리고 그 죄의 결과에 대한 법적인 책임을 상정하지 않는 죄를 생각하지 않는다.

죄는 하나님을 대항하는 반역이며, 그의 법을 어기는 것일 뿐만 아니라 노예 삼고 부패시키는 세력enslaving and corrupting

---

23) J. D. G. Dunn이 The Theology of Paul the Apostle (Grand Rapids: Eerdmans, 1998), 97쪽 각주 81에서 동의와 함께 인용하였던 D. E. H. Whiteley, The Theology of St. Paul (Oxford: Blackwell, 1964), p. 51.

power이다. 로마서 6장과 7장에서 가장 강조된 형식으로서 부각되는 죄의 이 측면은 마치 통치하고 다스리는 자인 양 인격적으로 묘사되고 있다. 따라서 죄인은 죄에 굴종하는 노예인 것이다<sub>롬 6:6, 12, 14, 16</sub>. 다른 곳<sub>엡 2:1, 5; 골 2:13</sub>에서 이 노예된 절망적인 상태는 "허물과 죄로 죽은 것"과 방불한 것으로 표현되었다. "공중 나라의 통치자"<sub>엡 2:2</sub>인 사단에게 굴종하는 부패한 삶을 죽음으로 묘사하는 것이다. 더 나아가서 결코 간과하지 말아야 할 사실은 우리가 지금까지 언급했던 이 죽음과 부채에서 죄인은 어떤 도움도 기대할 수 없는 자라는 사실이다. 그들은 "본성상 진노의 자녀들"인 것이다<sub>롬 2:3; 5:6; 골 3:6</sub>.

　죄는 하나님의 진노를 필연적으로 이끌어낸다. 비울에 대한 조심스러운 연구가 보여주는 것처럼, 하나님의 진노는 비인격적인 과정인 것이 아니며, 가련하고 악한 것을 향한 죄인의 반사적인 쏠림도 아니라, 죄인이 지은 죄에 대하여 가해지는 가장 궁극적이고 세계 내적인 결과인 것이다. 더 적극적으로 표현하자면, 하나님의 진노는 죄에 대항하시는 하나님의 능동적인 반사행동이다. 그분의 인격적인 관심, 즉 그분의 거룩과 정의에서 비롯되는 반사행동인 것이다. 그리고 그 행동의 궁극적인 표현은 사법적인 심판과 그 행위에 상응하는 형벌로서 죄인의 영원한 멸망인 죽음에서 드러난다. 이 사실은 로마서 2장 8절과 데살로니가전서 1장 10절과 데살로니가후서 2장 10절과 12절, 그리고 특히 데살로니가후서 1장 6절과 8절과 9절과 같은 진술에서 볼 때, 논쟁의 여지가 없는 것이다. 바울에게서 인간의 죽음은 심판이며,

본질적으로 형벌에 속한 것이다.

    죄는 온갖 종류의 파괴적이고 절망적인 결과를 가져온다. 로마서 1장의 말미에서 상세하게 묘사하는 것처럼 죄의 파괴적이고 혐오스러운 결과는 다양하며 너무나 광대하여 헤아릴 수조차 없다. 그러나 이 모든 다양한 죄의 현상들은 근본적이고 더 이상 축소할 수 없는 두 가지 결과를 초래한다는 사실을 인식하는 것이 중요하다. 하나님과 죄인 사이의 관계에서 볼 때, 하나의 결과는 하나님과 그분의 인격적인 관심사와 관련된 것이고, 다른 하나의 결과는 일차적으로 죄인들과 인간으로서 그들의 자기 모습과 관련된 것이다. 이 두 근본적인 결과는 죄책과 노예됨이다. 죄는 죄인을 핑계할 수 없는 죄책과 완전한 절망이라는 두 결과를 상속하게 한다.

    바울이 파악하는 것처럼, 이것은 죄인의 냉혹한 현실로서 "비참"인 것이다. 더할 수 없는 비참이 그들에게 임하여, 죄인들은 그들의 죄책과 죄에 대하여 노예된 자신들의 부패를 적절하게 이해할 수도 없게 되며, 또한 기꺼이 인정하려 들지도 않게 된다. 심지어 "해결책"이 무엇인지 파악하기에도 턱없이 부족한 상태에 놓인다. 이 무능함이 고린도전서 2장 14절에 분명하게 지적되어 있다. 불신자는 "하나님의 영에 속한 일들을 알지 못하나니, 이는 그가 그것들을 이해할 수 없기 때문입니다." 따라서 불가피하게 유일한 치유인 십자가가 "어리석은 것"이며, 유대인과 비유대인 모두에게 "부끄러운 것"이 된다 고전 1:18 이하. 그러나

"허물과 죄로 죽었으며" "진노의 자녀들인", 이와 같은 죄인들을 자비에 풍성하신 하나님께서 그리스도 안에 계시된 그의 크신 구원의 사랑으로 사랑하셨다 엡 2:3-4.

다시 고린도전서 15장 3절과 4절로 되돌아와서 그 중심을 헤아릴 경우, "우리의 죄를 대신하여"라는 구절은 이러한 근본적이고 환원할 수 없는 죄에 대한 이중적인 윤곽의 관점에서 이해되어야만 그 적절한 의미에 이르게 된다. 부활과 더불어 이 십자가의 효력은 죄를 파괴하는 것이다. 환언하여, 십자가의 효력은, 비록 동일한 방식이 적용되는 것은 아니지만, 죄책과 죄에 노예된 것을 파괴하되 그것을 뿌리째 뽑아 근절시킨다는 것이다. 부활과 함께 그리스도의 죽으심은 포괄적인 의미의 "죄를 대신하는" 사건으로서 죄인의 상태와 실질적인 삶에 대하여 발언하는 것이다. 죄인에게 적용된 죽으심과 부활의 효과는 법정적인 것일 뿐만 아니라, 재再창조적이고 변혁적인 것이다. 달리 말하여, 앞으로 좀 더 조심스러운 논의를 전개하겠지만, 칭의뿐만 아니라 성화까지도 포함된다. 양자와 화해와 같은 상호 관련된 다른 은덕들도 법정적인 것과 재창조적인 것 사이의 더 이상 축소할 수 없는 이중적인 구별의 관점에서 거론되어야 하며 이해되어야 한다.

그래서 바울이 "그리스도는 우리의 죄를 대신하여 죽으셨습니다"라는 복음의 중심에 대하여 언급할 때, 로마서 4장 25절에서 "우리의 죄를 대신하여 내어주신바 되었으며 우리의 의를 위하여 다시 살아나셨습니다"라는 자신의 논증의 극점을 전개하면서 칭의를 마음에 품었던 것은 분명히 사실이다. 그러나 칭의 못지않게 성화도 바로 이 복음의 중심과 더불어 주어진 것이다. 이와 관련하여 "그는 죄인들을 대신하여 죽으셨습니다. 따라서 살아 있는 자들은 더 이상 자신을 위하여 살지 말고 그들을 대신하여 죽으시고 부활하신 그분을 위하여 살아가야 할 것입니다"라고 언급하고 있는 고린도후서 5장 15절은 아주 분명하게 이 사실을 전달한다.

이와 관련하여, 바울이 복음을 이해할 때, 칭의와 성화, 구원의 법정적 측면과 갱신적인 측면을 전혀 혼동함이 없이 그리스도의 죽으심과 부활이라는 중심에서 이해하는 방식 때문에, 바울은 종교개혁 전통이나, 혹은 내가 생각하기에, 많은 복음주의 단체에서 하는 것보다 더 쉽게 그리고 분리됨이 없이 양자를 파악한다는 사실을 지적하는 것은 의미 있는 일이다. 이러한 경향에 대한 하나의 예를 든다면, 여러 해 전에 나는 한 강연회에 참여하여 발표자로부터 이렇게 말하는 것을 들은 적이 있었다.[24]

"그리스도께서 우리를 '대신하여' 행하신 바로 그것이 기독교적인 것이고, 그가 우리 '내면에서' 행하시는 것도 그 자신에게 속한 일입니다. 다시 말하여, 그가 우리를 위하여 행하신 일

---

24) 저자는 이와 관련하여 어떤 객관적인 자료를 제시하지는 않았고, 내용을 본문에 두었으나, 독자들을 위하여 인용문의 형식으로 구별된 문단에 따로 떼어 둔다. 역자 주.

은 기독교적인 것입니다. 종교개혁자뿐만 아니라 그들의 추종자들이 진정으로 믿은 것은 내 안에서 지금 발생하고 있는 어떤 것도 복음에 속한 것이 아니라는 것입니다. 다시 말하거니와, 내 안에 지금 발생하고 있는 어떤 일도 복음에 속한 것이 아닙니다. 복음은 영원한 것이며, 우리를 위하여 죽으시는 그리스도와 관련된 것입니다."

이 발표자의 관심사를 신중하게 헤아리는 일이 꼭 필요하다. 내가 만일 들은 것이 정확하다면, 그것은 복음의 진리는 주관적인 경험이라는 대양大洋에서 상실되지 않는 것이라는 의미일 것이다. 그러나 그의 말은 바울이 말하고자 한 것이 아니다. 왜냐하면 이 발표자의 말은 바울의 그것과 너무나 멀리 떨어진 것이며, 바울 복음의 범위와 바울이 사용하는 "우리를 대신하여"라는 표현의 범위를 왜곡시키기 때문이다. 그리고 내가 몇 가지 강조와 더불어 덧붙이고자 하는 것은 이것이 종교개혁의 관점을 기껏해야 왜곡하는 정도에 지나지 않으며, 그들의 관점을 대표하는 것은 더욱 아니라는 사실을 논증할 준비가 되어있다는 사실이다.

### 3) 그리스도와의 연합

바울신학의 중심에 대한 우리의 요약을 통하여, 언급해야 할 또 다른 요소가 하나 있는데, 그것이 바로 교회와 그리스도의 연합에 관한 것이다. 고린도전서 15장 3절과 4절에서는 그 연합이 명백하게 반영되어 있지는 않지만, 이 문제는 바울에게 있어서 대단히 중요한 것이다. 아마도 "제일 중요한" 문제로 꼽힐 수 있는 것으로서 절대적으로 결정적인 것이다.

간략한 윤곽을 제공하는 것이 유익할 것이다. 그리스도와의 연합과 관련한 바울의 이해는 구약에서 비롯된 것이며, 무엇보다 더 바울이 언약신학자인 것을 보여주는 것이기도 하다. 구약에서는 하나님과 그의 언약백성인 이스라엘 사이의 언약이 다양한 방식으로 표현되어 있으며, 하나님 자신을 자기 백성의 "분깃"이라고 묘사할 정도로 가장 명쾌한 신학이다 시 73:26; 119:57; 렘 10:16. 역으로, 이스라엘 백성들이 "주님의 분깃"이라는 언급도 나타난다 신 32:9. 이와 관련하여, 특히 주목할 만한 것은 이사야 53장 12절에 나타나 있는 주의 기름부음 받은 종에 대한 것이다. 다른 어떤 설명보다도 5절에 나타난 것처럼 그가 "우리의 불법을 대신하여 상함을 입으셨고, 우리의 불의를 대신하여 부서지신" 것으로[25] 묘사된다는 점에서 그렇다. 그런 고난에 대한 보상으로서 주님께서 "내가 그에게 많은 사람들을 위한 분깃을 할당할 것이라"고 언급하신다.[26]

이 언약적인 연합과 유사한 실현, 즉 삼위 하나님과 그의 백성으로서 교회 사이의 순환적인 소유가 바울에게서는 그리스도

---

25) "우리의 불의를 대신하여"라는 표현을 고린도전서 15장 3절과 로마서 4장 25절의 "우리의 죄를 혹은 불법을 대신하여"라는 표현에 상응하는 것으로 읽는 것이 그리 어려운 것은 아니다.

와의 연합이라는 중심에로 귀착한다. 앞으로 더 자세히 논의할 기회가 있겠지만, 바울에게서 이것은 다른 모든 것을 포괄하는 핵심으로서 구원론적인 현실, 즉 구원의 중심적인 진리를 형성한다. "그리스도와의 연합"이라는 이 표현은 바울이나, 혹은 신약의 어디에서도 발견되지 않는 반면에, 여러 곳에서 표현된 것을 미루어 볼 때, 그 실재는 "함께"라는 전치사를 포함하여, 약간 다른 변화와 함께 "주 혹은 그리스도 안에서"라는 전치사구의 용례에서 두드러진다. 그 의미에 대한 학문적인 토론은 "안에"라는 전치사구의 힘에 집중되었으며, 장소나 혹은 분위기를 전달하는 순전히 도구적인 이해를 포괄하는 것으로서 심지어 그리스도와 신자들 사이의 현실적이고 실제적인 연합이라는 생각까지도 전달하는 것으로 이해되었다.

사실상, 바울의 용례는 다양하고, 이 표현의 전반적인 의미의 폭은 아담과 둘째 혹은 마지막 아담으로서 그리스도 사이의 대조를 통하여 형성된다롬 5:12-19; 고전 15:21-22, 45, 47. 각자가 행한 것은 결정적인 것이어서, 사실상 그들의 대표로서 "그 안에" 있는 자들에게나, 그리고 그들의 죄가 마땅히 초래하는 정당한 진노를 누그러뜨리는 자로서 그들의 대리자이신 그리스도 안에 있

---

26) 여기서 히브리어 רבים은 "많은 사람들"로 읽는 것이 장엄복수로 취하여 "위대한 사람들"이라는 번역보다 더 좋은 것으로 보인다. 이것이 70인 역에서 취한 αὐτὸς κληρονομήσει πολλούς라는 독법으로서 "그가 많은 사람들로 더불어 분깃을 나누게 할 것이라"는 것과 잘 어울리는 것으로 보인다. 참고로 한글개역성경은 "존귀한 자"로 읽음으로써 장엄복수를 취한 것으로 보인다. 역자 주.

는 자들에게 각각 죽음과 삶의 결정을 가져오는 것이다롬 3:25-26.[27] 이와 관련하여, "우리를 대신하여", "우리 죄를 대신하여" 그리고 "그 안에서", "그와 함께"와 같은 표현은 상호 연관된 것이며, 분리될 수 없게 연결된 것이다. 전자는 단지 후자가 언급하는 연합 안에서만 기능한다. 동시에 "우리를 대신하여"는 그리스도의 유일성과 이 연합 안에는 되돌릴 수 없고 변경할 수 없는 측면이 있다는 사실을 알려준다. 그 사실은 고린도전서 1장 13절의 "바울이 여러분들을 대신하여 십자가에 못 박혔습니까?"라는 수사적인 질문을 통하여 두드러진다.

"그리스도 안에" 있는 자들에게 있어서, 이 연합 혹은 연대성은 모든 것을 포괄하는 것이며, 사실상 영원에서부터 영원까지 확장되는 것으로서, 이 세상을 창조하기 전부터엡 1:4, 9 미래의 영광에 걸쳐있는 것이다롬 8:17; 고전 15:22. 따라서 바울에게 있어서 연합의 의미를 토론할 때, 이것은 본문에 낯선 것을 억지로 끼어 넣는 것이거나, 혹은 불필요한 조직화의 산물이 아니라, 다음과 같은 삼중의 범주적인 구별을 분명하게 인식하는데 필요한 것이라는 사실을 기억하는 것이 좋다. 바울에게 있어서 "그리스도 안에서"는 ① 예정엡 1:4과도 관계되며, ② 특별히 그리스도의 죽으심과 부활에서 단번에 성취된 구속사적인 사건으로서 과거적인 연합과도 관계되고, 혹은 ③ 현재의 일로서 구원의 현재적

---

27) 대리인substitute으로서가 아니라 단순히 모범example으로서라는 측면에서 그리스도를 대표로서 파악하는 것은 바울의 이해를 심히 왜곡하는 일이다.

인 소유 내지는 적용과 연관된 연합으로서 실존적인 차원과 관계된 것이기도 하다.

꼭 기억해야만 하는 이러한 구별들은 서로 다른 연합을 지시하는 것이 아니라, 하나의 유일한 연합의 서로 다른 측면과 차원을 지시하는 것이다. 동시에 이 차원들 각각을 인식하되 그들 중의 하나를 거절하거나, 혹은 그들 사이의 구별을 거절함으로써 그것들을 무차별적으로 동의어적인 것으로 간주하지 않는 것이 아주 중요하다. 그와 같은 구별을 위한 필요는 우리의 일차적인 관심사인 현실적인 연합과 직접적으로 연관된 교훈적인 예들로 인하여 잘 묘사될 수 있다.

로마서 16장 7절에서 바울은 "나에 앞서 그리스도 안에 있는" 혹은 "내가 있기 전에 그리스도 안에 있었던" 자들을 언급한다. 여기서 자서전적으로, 그러나 모든 그리스도인들을 대표하여 말하고 있는 바울은 "그리스도 안에" 있기 전과 후를 예리한 관점으로 바라보고 있다. 그의 교훈의 전반적인 구조 안에서 우리는 바울이 자신을 영원 전부터 그리스도 안에서 선택된 자로 알고 있으며 엡 1:4, 그리스도의 죽으심과 부활의 때에 "그분과 함께" 있었던 자로서 자신을 묵상하고 있다 갈 4:4. 그럼에도 불구하고 그가 그리스도인이 되기 이전 기간 동안 그가 지금 여기서 말하고 있는 그런 의미에서 "그리스도 밖에" 있었을 때가 있었고, 따라서 에베소서 2장 3절에서 복수형으로 인격화되고 있는 "다른 이들처럼 진노의 자녀"였을 때가 있었던 것이다. 여기서 절대적으로 중요한 질문, 곧 구원의 서정과 관련한 질문이 등장하는 것이다. 진노에서부터 은혜에로, 그리스도밖에 있는 진노로부터 그리스도 안에 있는 구원에로 넘어서는 이 전이轉移는 무엇이 일으키는 것인가? 다른 무엇보다도 바로 이 질문이 우리 앞에 놓여 있는 핵심적인 물음으로서, 그 답변에 도달할 때까지 우리의 관심을 지속적으로 사로잡을 것이다.

이제 특히 현재적 연합, 구원의 현실적인 적용 혹은 적용 안에서의 연합, 그리고 그 연합의 구원 서정적인 측면에 집중하게 될 때, 여러 가지 국면이 지적될 것이다. 지금까지 언급했던 예정과 관련한, 구속사적인 연합과 관련한, 그리고 대표적이며 법률적인 연합과 관련한 것만큼 이것은 또한 신비적인 연합인 것이다. 바울이 남편과 아내의 관계라는 유비를 사용하여 분명하게 언급하는 것처럼, 이것은 "큰 비밀"에 속하는 것이다엡 5:32. 이 유비는 확실히 깊고 친밀한 연합을 지시한다. 그러나 동시에 이것은 한 생각을 분명하게 견지한다. 그런 친밀함이 고상한 것이긴 하지만, 그리스도와 그리스도인 사이의 인격적인 구별을 제거하거나, 혹은 무디게 하는 것은 아니다. 각각의 인격적인 정체성은 유지된다. "신비적"인 연합은 인격적인 본래모습integrity을 지워버리거나 혹은 경감시키지 않는다. 현재 누리고 있는 그리스도와의 연합에 있어서 대표자로서 그리고 대리자로서 그리스도의 역할은 유지되고 있으며, 이와 관련한 가장 괄목할 만한 증거는 "하나님의 보좌 우편에서"롬 8:34의 그리스도의 현재적 중보에서 찾을 수 있을 것이다.

이와 관련하여, 구속의 적용에 있어서 두 가지 다른 종류의 연합, 즉 법적이고 대표적인 연합과 신비적이고 영적인 연합을 생각하는 것은 바울의 교훈을 심각하게 왜곡하는 것이다. 법적이고 영적인 것, 즉 칭의와 성화 사이의 차이difference가 애매하게 적당히 처리되어서는 안 되고, 혹은 그렇게 되지 않을 경우, 사실상 타협되고 만다는 이해할 만하고 또한 적절한 그런 관점은 바울의 윤곽이 보여주는 통합적인 연합을 상실하고 있다. 구별할 수 있지만 그러나 분리할 수는 없는 따라서 법적이고 갱신적인 측면이 공존하는 단지 하나의 연합만이 있다.

현재적 연합은 또한 영적이다. 이것이 비물질적이며 관념적인 의미에서 그렇다는 것이 아니라, 성령의 활동과 내주 때문에 그렇다는 것이다. 이것이 그리스도와의 현재적 연합과 관련한 독특성이다. 이것이 이 연합과 관련한 신비적인 면을 가능하게 하며, 이 연합을 다른 종류의 연합과 혼동하지 않도록 보호한다. 즉 성령께서 일으키신 영적인 현실로서 이 연합은 삼위일체의 연합과 같은 존재론적인 것도 아니며, 그리스도의 신인양성과 같은 위격적인 연합도 아니며, 인간의 인격 내의 육체와 영혼의 상관적 관계를 상정하는 심인적psychosomatic인 연합도 아니며, 남편과 아내 사이의 육체적인 연합도 아니며, 열정과 목적 및 이해와 관련된 지적이고 도덕적인 연합도 아닌 것이다.

영적인 연합은 "그리스도"와 영광을 입으신 그리스도께서 보내셔서 이 연합의 배후에 계신 "성령" 사이의 관계로부터 비롯된다. 이것이 바울의 근본적인 생각이며, 이것이 무엇을 함의하는 것인지는 나중에 또 생각할 기회가 있을 것이다. 여기서는 다음의 사실만을 간략하게 언급하려고 한다. 그리스도의 부활과 승천 때문에, 성육신하신 그리스도, 즉 마지막 아담이신 그리스도는 성령으로 말미암아 변형되었으며, 현재 성령을 완전하게 소유하심으로써 "생명-주시는 성령이 되셨고", 그 결과로서 현재 "주 곧 그리스도는 성령이시다."고전 15:45; 고후 3:17.[28] 위격적인 구별을 지워버리지 않는 기능적인 동일시로서 부활의 생명을 주는 행동에 있어서고전 15 그리고 종말론적인 자유를 주는 행동에 있어서고후 3 성령과 그리스도가 하나임을 보여주며, 그 결과로서 교회의 삶과 신자들의 내면에서 그리스도와 성령은 사실상 분리 불가한 하나인 것이다. 예를 들면, 로마서 8장 9절과 10절에서 "여러분들이 성령 안에", "성령이 여러분 안에", "그리스도에게 속한" 여러분 혹은 "그리스도의 소유된" 여러분, "여러분 안에 계신 그리스도"와 같은 표현들은 모두 하나의 연합을 묘사하는 분리할 수 없는 국면인 것이다. 비슷하게, 에베소서 3장 16절과 17절에도 "여러분의 속사람에 그의 영을 가진" 자는 "여러분의 마음에 그리스도께서 거주하시는" 자라는 사실이 언급되고 있다.

따라서 영적이라는 표현을 사용할 때, 성령의 행동이 선명하게 드러나야 하며, 비성경적인 관념론이나 비물질적인 본질을

---

[28] 이 구절과 또한 이와 연관된 구절과 관련한 문제에 대한 광범위한 논의를 위해서는 내 논문인 "'Life-giving Spirit': Probing the Center of Paul's Pneumatology," Journal of the Evangelical Society 41.4 (December 1998), pp. 573-89와 그곳에 인용된 문헌을 보라.

의미하는 것으로 오해되어서는 안 된다. 즉 영적인 연합으로서 이 현재적인 연합은 순환적인 성격을 가진 것이다. 환언하여, 신자들이 그리스도 안에 있을 뿐만 아니라, 그리스도께서 그들 안에 계시며, 또한 교회를 위한 "영광의 소망"이 여러분 안에 있는 그리스도라는 것이다 골 1:27. 그러므로 그런 연합은 본질상 살아있는vital 것이다. 성령으로 말미암아 내주하시는 그리스도는 신자들의 생명 그 자체이다. "더 이상 내가 사는 것이 아니라, 내 안에 그리스도께서 사시는 것입니다" 갈 2:20. "여러분들의 생명은 그리스도와 더불어 하나님 안에 감취었습니다" 골 3:4.

마지막으로 현재적인 연합은 용해되어 사라지는 것이 아니다. 이것은 "창세전에 그리스도 안에" 있는 선택에 뿌리박고 있다 엡 1:4. "그리스도 안에서" 신자들을 위하여 영원히 의도된 구원은 "그리스도 안에" 있는 부활의 영광에서 도달하게 될 종말론적인 완성에서 반드시 성취된다 롬 8:17; 고전 15:20, 23.

요컨대, 그리스도께서 성취하신 모든 것과 현재 그의 죽으심과 부활 덕택에 그와 더불어 모든 것을 공유하는 그리스도와의 현재적인 연합은 다른 어떤 것보다도 더욱 분명하게 바울의 구원론의 중심을 차지한다.[29]

---

29) 그리스도와의 연합과 관련한 특히 유용한 논의를 위해서는 J. Murray, Redemption Accomplished and Applied (Grand Rapids: Eerdmans, 1955), pp. 201-13을 보라. 내가 이 논의에서 사용한 범주들은 이 책의 논의에서 비롯된 것이며, 그의 강의실의 강좌에서 비롯된 것이다.

## 4) 연합과 칭의

이 중요한 결론은 바울의 관계적 혹은 참여적인 관심과 법률적 혹은 법정적인 관심 사이의 관계, 아니면 보다 최근의 용어로 표현하여 참여주의적인 관심과 법적인 관심[30] 사이의 관계에 대한 몇 가지 중요한 관찰을 시작하게끔 한다. 특별히 바울에게서 문제가 되는 이슈는 연합과 칭의의 관계에 관한 것이다.

이 관계 문제와 관련하여, 일련의 보편화된 경향이 현대시기에 관찰된다. 먼저, 바울의 교훈에서 연합과 칭의를 두 구분된 가닥으로 혹은 영역으로 구별하려는 것이고, 결과적으로 이 양자를 긴장 관계나 혹은 단순히 공존하지만 분리할 수 있는 관심 사인 것처럼 파악하려는 경향이나, 혹은 다시금 한 동일 실재를 나타내는 상호 교환할 수 있는 혹은 선택적인 은유로 간주하려는 경향이 그것이다. 이것은 법정적인 측면을 평가절하 하는 것으로 종종 나타났는데, 특히 슈바이처Schweitzer의 잘 알려진 "칭의는 바울신학 전체라는 큰 분화구 내에서 한 작은 주변 분화구"에 해당하는 것이라는 말에서 관찰된다.[31] 이 첫 번째 경향은 자주 두 번째 경향과 묶이곤 하였는데, 이 두 번째 경향은 연합

---

30) E. P. Sanders, Paul and Palestinian Judaism: A Comparison of Patterns of Religion (London: SCM, 1977), pp. 502-508, 519-20.

31) A. Schweitzer, The mysticism of Paul the Apostle (ET; NewYork: H. Holt, 1931), p. 225.

과 참여의 위치를 영적 갱신 및 인격적인 갱신과 배타적으로 동일시하는 경향을 말하는 것이다.

과장해서는 안 되겠지만, 이런 식으로 문제를 파악하는 것이 중요한 혼동의 원천이 되곤 하였다. 바울에게 있어서 위에서 지적했던 죄책과 같이 죄를 온전히 관계적인 책임으로 파악하고 이에 답변을 시도할 때, 구원에 있어서 관계적이고 법적인 관심, 법정적이고 참여적인 것은 함께 속하는 것이다. 참여적인 것 혹은 관계적인 것은 법률적이고 법정적인 측면과 연관되어 있으며, 사실상 법정적인 것은 참여적인 것을 떠나는 것이 아니라, 항상 참여적인 것 안에서 기능한다. 관계적이고 참여적인 교훈은 확실히 법정적인 측면과 연결되어 있지만, 그러나 "나를 대신하신 그리스도"를 의미하는 법정적인 것과 구별된 것으로 혹은 심지어 어떤 의미에서 분리된 것으로서 "내 안에 계신 그리스도"를 의미하는 갱신적인 측면과 동일시되어서는 안 될 것이다.

오히려, 법정적인 것과 변혁적인 것, 즉 칭의와 성화라는 두 요소는 관계적인 측면을 수행하는 기능이거나 혹은 현시라고 할 수 있다. 구체적으로 말하여, 이 두 요소는 그리스도와의 연합의 현시 혹은 측면들이다. "우리 안에 계신" 그리스도는 지속적으로 "우리를 대신하신" 그리스도인 것이다. 우리와의 연합 가운데서 그리스도는 결정적인 의미에서 법정적일 뿐만 아니라, 변혁하시는 능력이라는 의미를 갖게 된다. 앞으로 이어질 두 장章에서 우리는 이 문제에 대하여 보다 근본적인 면을 살피게 될 것이다.

### 5) 신앙의 역할

그리스도와의 연합과 더불어, 그리고 바울신학의 중심에 대한 안목을 가지고 신앙에 대하여 언급하는 것은 유익한 일이 될 것이다. 사실 신앙의 결정적인 역할에 대한 어떤 측면은 이 장을 시작할 때 이미 언급한 적이 있다. 특별히 중요한 것은 그리스도에게 연합됨에 있어서 신앙의 본질적인 역할에 대한 것이다. 고린도전서 15장의 몇 구절에서 바울복음의 중심 문제에 대하여 다룰 때 핵심적인 논의의 대상이었던 것은 복음을 "받은" 자들이 "헛되이 믿을 수 있는 것"인지 여부에 관한 것이었다. 여기서 보다 강조되어야 할 것은 1절의 믿는 것 혹은 "받은 것"이 "서 있는 것"이며, 2절의 복음을 "굳게 지킨 것"이라는 사실이다. 복음 안에서 견디는 이 신앙이 그리스도 안에 있는 신앙 πίστις εἰς χριστόν이며, 그 자체가 자신을 그리스도에게 위탁함으로써 그리스도에게 연합시키는 것이다. 바울의 경우, 그리스도와의 연합을 향유하고 있는 자의 측면에서 볼 때, 신앙은 그 연합의 끈으로서 분명하게 파악되고 있다 엡 3:17.[32]

신앙은 그리스도에게 연합시킴으로써 그리스도의 죽으심과 부활이, 내 삶속에서 구원의 효력을 발생케 한다는 의미에서, 내 것이 되도록 한다. 더 분명하게 표현하자면, 신앙은 "허물과 죄로 죽은" 엡 2:1, 5 죄인을 부르시는 일을 효과적으로 만드는 성령

---

32) J. Calvin은 그의 『기독교강요』 3.1.1에서 이러한 바울의 이해를 잘 포착하였다.

으로 말미암는 하나님의 일이어서, 스스로에게 속한 믿음이 자신을 하나님의 아들과의 교제고전 1:9에로, 현재 더불어 죽고 부활하도록 하신 그리스도와의 연합에로 이끌어낼 수는 없는 것이다. 영광을 입으신 그리스도와의 이 연합은, 죄와 그 결과로부터, 그리고 죄의 책임과 그 능력으로부터 구원을 가능하게 하는 그리스도의 죽으심과 부활을 내 것으로 삼는 것이다. 혹은 보다 더 근본적으로 그리고 통합적으로 표현하자면, 영광을 입으신 그리스도와 연합함으로써 현재 그에게 속한 모든 것이 십자가에 달리시고 부활하신 덕택에 현재에 있어서나 미래에 있어서 내 것이 된다는 것이다.

이 점에서 몇 가지 중요한 한계를 분명히 할 필요가 있는데, 특히 바울신학의 공동체적인 차원에 대한 새 관점 지지자들의 주장과 관련된다. 말인즉, 배타적인 것은 아니라고 하더라도, 지배적으로 칭의와 관련한 바울의 교훈의 교회론적인 상관성에 대한 논의가 이루어지고 있는데, 이러한 분위기는 비판적으로 평가될 필요가 있다. 내가 방금 언급했던 신앙과 그리스도와의 연합은 "인격적"이고 "개인적"인 언어로 이해되어 왔다. 나는 의도적으로 그렇게 하였다. 왜냐하면, 이 인격적인 측면이 현재의 공동체적인 흐름에 흡수되어 사라질 위기에 처해있기 때문이며, 또한 이 측면이 사실상 바울에게 있어서 핵심적인 것이기 때문이다. 이와 관련한 몇 가지 구절을 인용하면 인격적이고 개인적인 측면이 모든 신자들에게 지배적인 강조점이라는 사실이 분명하게 드러난다. 갈라디아서 2장 20절에서 "나를 사랑하사 나를 대신하여 자신을 내어주신" 그리고 디모데전서 1장 13절과 15절에서 "참람한 자요, 박해자요, 광포한 자요…… 죄인중의 괴수인 내가 은혜를 얻었습니다"라고 언급되고 있기 때문이다.

그러나 개인적이고 인격적인 측면에 대한 이러한 강조는 보다 폭이 넓은 공동체적인 측면, 심지어 십자가와 부활에서 계시되고 신앙에 의해서 전유된 구원의 우주적인 차원cosmic dimensions을 부인하거나 혹은 평가절하하려는 것을 의미하지 않는다. 그리스도와의 교제에로의 부름고전 1:9은 동시에 또한 분리할 수 없이 성령으로 세례 받은 공동체적인 몸 안에서 교제에로의 부름이다 고전 12:13. 신자들의 몸 그 각각이 성령의 전이며고전 6:19; 살전 4:6, 8, 또한 하나의 공동체로서 교회 그 자체가 하나님의 전이기도 하다고전 3:16-17. 더 나아가서 그것은 또한 "미래의 하나님의 아들들의 계시"를 "앙망하는" 그리고 "부패의 사슬로부터 해방되기를 고대하는" 전체 창조세계의 맥락에서도 그러하다 롬 8:19, 21. 복음에 있어서 인격적인 것과 공동체적인 것, 혹은 인격적인 것과 우주적인 것을 양극적 구조로 고착화하는 것은 순전히 바울에게 낯선 것이다. 따라서 하나를 지워버리거나, 혹은 다른 하나를 부정하는 것을 허용하는 것은 옳지 않은 것이다.

## 2. 바울신학의 중심과 구원의 서정

바울신학의 중심에 대한 우리의 반성과 바울에게서 어떻게 구원의 서정이 개인으로서 죄인에게 적용되고 현실화되는가 하는 문제에 대한 관점은 다음과 같은 통전적인 결론으로 우리를 인도한다: 중심으로서 구원론적인 실재는 성령께서 창조하신 신앙으로 말미암아 영광을 입으신 그리스도와 연합하는 것이다. 그것이 바울에게 있어서 구원의 방법, 혹은 구원의 서정의 골자요 본질인 것이다.

그러므로 그의 신학을 전체로 볼 때, 그 중심에 속한 바울의 구원론의 중심은 이신칭의나 혹은 성화, 그리스도의 의의 전가나 혹은 성령의 갱신하시는 사역 가운데 하나를 택하는 것이 아닌 것이다. 그러나 이런 결론을 도출하는 것이 마치 칭의가 종교개혁자들이 주장하였던 것보다 바울에게서 있어서 다소 덜 중요한 것처럼 칭의 혹은 성화를 "비중심화"하려는 것은 아니다. 칭의는 가장 중요한 것이며, 바울의 "구원의 복음"에 있어서 절대적으로 핵심적인 것이다 엡 1:13. 칭의에 대한 바울의 교훈을 부인하거나, 혹은 왜곡하는 것은 그 결과로서 복음이 복음 되게 하는 것을 중지시키는 일이며, 따라서 죄책을 가진 죄인에게 더 이상 구원을 가져오는 "좋은 소식" good news 이 아닌 것이다. 그러나 칭의가 바울의 복음의 심장에 얼마나 가까운 것이든 간에, 우리의 구원과 관련하여, 예비적으로 고찰해야 할 사실이 있다. 즉 보다 더 깊고, 더 결정적이고, 더 핵심적인 실재가 있는데, 그것이 그리스도이며, 특히 그분과 우리의 연합, 십자가에 달리시고 부활하사 영광을 입으신 그리스도와의 우리의 연합이 바로 그것이다. 환언하여, 바울의 구원의 서정 ordo salutis의 본질이 믿음으로 말미암는 그리스도와의 연합인 것이다.

『기독교강요』 제3권을 열면서, 결론적으로 언급하려고 하는 칭의를 포함하여, 구원의 방법, 즉 구원의 인격적이고 개인적인 적용에 대하여 언급하려고 하는 모든 사실을 지배하는 핵심과 관련하여, 칼빈은 다음과 같이 쓰고 있다. "먼저, 우리는 그리스도께서 우리밖에 계시는 한, 그리고 우리가 그와 분리되어 있는 한, 그가 인류를 위하여 고통하시고 행하신 모든 것이 쓸모없는 것이 되며, 우리에게 아무런 가치도 없는 것이 되고 만다는 사실을 이해해야만 합니다."[33] 바로 이 진술이 바울의 주장에 가장 신실한 것이며, 그의 구원론의 본질을 파악하는 것이다.

### 1) 구원의 서정에 있어서 칭의

우리가 지금까지 보았던 것처럼, 믿음으로 말미암는 그리스도와의 연합에 전유된 구원은 두 가지 근본적인, 축소할 수 없는 측면을 가진다. 이것은 죄가 가져온 두 가지 근본적인 결과에 답

---

[33] J. Calvin, 『기독교강요』, 3.1.1. 본문상의 주를 이곳으로 옮긴다. 역자 주.

하는 것으로서, 그 하나가 법정적인 것이며, 다른 하나가 갱신적인 것이다. 보다 분명하게 말하자면, 바울에게 있어서 이 두 측면은 칭의와 성화로 규정될 수 있을 것이다. 이 점에서 나는 주로 칭의와 성화의 근본적인 측면을 논증하거나, 혹은 설득하려기보다는 주장하는 편을 택해왔다. 그리고 칭의와 성화는 용어상 구별되어야만 한다는 것이 내 입장이다.

갱신으로서 성화에 관심을 기울이는 한, 누군가 그렇게 하려고 할지라도, 거의 논쟁거리가 없을 것이다. 그러나 법정적인 것으로서 칭의에 대한 바울의 교훈은 아주 다른 문제가 된다. 현재 상당히 복잡한 논쟁이 이를 둘러싸고 진행 중이다. 여기서 내가 이 논쟁에 광범위하게 뛰어들 생각은 없다. 그것은 그 자체로 한 권 분량의 책이 될 것이며, 또한 이 논의와 연관되기는 하겠으나 이 책의 내용의 강조점도 다소간 달라질 것이다. 그러나 우리의 관심을 조금 더 탐구하는 과정에서, 그리고 현재 진행 중인 이 논쟁에 우리의 시선을 둘 때, 바울의 칭의에 대한 그들의 기본적인 관찰에 대하여 언급하는 계기를 가지게 된다.

먼저, 새 관점의 결론에 의존하여 현재 진행되고 있는 논의에 비추어 볼 때, 종교개혁이 파악한 내용이 잘못된 것이며, 바울에게 있어서 칭의는 최소한 일차적으로 구원론과 관련된 것이라기보다는 교회론과 관련된 것이며, 여러분이 어떻게 그리스도인이 되었는가에 대한 것이라기보다는 그리스도인으로서 더불어 먹고 교제를 향유하는 것과 관련된 것이라는 관점은 나를 아직도 설득하지 못하고 있다. 이런 관점에 따르면, 특별히 갈라디아서에 반영된 칭의에 대한 바울의 교훈은, 어떤 새 관점주의자는 배타적으로 이 사실을 취하고 어떤 사람들은 우선적인 것으로 이 사실을 취하기는 하지만, 그리스도인이 되는 것과 관련된 것이라기보다는 그리스도인다운 삶을 살아가는 것과 관련하여 결정적인 것이 된다.

바울에게 있어서 칭의는 의심 없이 교회론적인 의미를 가지며 갈라디아서에서 특히 중요한 관심사인 것은 분명하다. 이런 의미들이 부인되어서도 안 되고 애매하게 처리되어서도 안 되며, 엉성한 개인주의적인 구원론적인 틀을 통하여 평가절하 되어서도 안 된다. 또한 의심 없이 그들이 마땅히 생각해야만 하는 것을 생각하지 않은 것도 아니다. 그러나 바울에게 있어서 칭의는 본질상, 일차적으로 구원론적인 것이다. 이것은 한 개인에게 있어서 진노에서 은혜로 옮겨진 사건을 기술하는데 사용된 용어로서, "어두움의 통치에서 건짐을 받아 그의 사랑받는 아들의 통치에로 옮겨졌다"골 1:13는 바로 그 사실을 강조하는데 사용하는 용어이다.

심지어 갈라디아서에서 바울의 칭의에 대한 교훈은 단순히 교회의 일치가 위기에 처해졌기 때문이 아니라, 그 자체로 긴급한 문제를 제기하고 있다. 베드로의 행위에 대한 바울의 책망은 유대인과 이방인의 일치가 위험에 빠진다는 사실 때문이 아니라, 그 행위가 "복음의 진리"2:14를 깨트리는 행동인고로 깨어진 관계라는 증상이 결과적으로 나타나는 것이라는 사실 때문인 것이다. 더 나아가서 바울이 다른 곳에서 복음을 의도를 가지고 의식적으로 표현했던 것처럼, 복음은 구원 받은 그 사실을 사후에 반추하는 것이 아니기 때문에 복음 진리 그 자체와 더불어 씨름하는 것이다. 오히려, 복음은 "구원에 이르는 하나님의 능력이며"롬 1:16, 혹은 좀 더 직접적인 예를 들면, "여러분의 구원의 복음"엡 1:13인 것이다.

칭의는 율법의 행위로 말미암지 않고, 은혜로 그리고 오직 믿음으로 말미암는 것이라는 로마서와 갈라디아서에 반영된 그의 교훈의 이러한 깊은 구원론적인 의도와 요점은 논란의 여지가 없는 것이다. 에베소서 2장 8절과 9절에서는 "행위로 말미암은 것이 아니라 은혜로 말미암아 믿음으로" 주어진 것은 칭의가 아니라 구원에 대한 것이다. "구원 받았다는 것"은 구원의 시발점에서 주어진 모든 축복을 포함하는 포괄적인 것이다. 따라서 여기서 구원은 칭의되는 것에 제한되는 것이 아니라 확실하게 칭의되는 것을 포함하는 것이다. 최소한 이 구절을 생각할 때에 구원과 칭의는 동일한 방식으로 시작된다는 면에서 평행하는 것이다. 여기서 "행위가 아니라 믿음으로"라는 표현이, 분명히 그렇지만, 바울의 구원론적인 전환을 기술하는 것인 반면에, 로마서와 갈라디아서에 나타난 칭의에 대한 그의 교훈에서는 그렇지 않다고 하는 것은 믿기 어려운 지나친 주장인 것이다.

유사하게, 디도서 3장 5절에서 7절에서 볼 때, 구원과 관련하여 제거되어야 하는 것은 "행한바 의로운 행위"이고, 더 나아가서 그 구원의 결과는 부분적으로 "은혜로 말미암는 칭의에 의한 것"으로 설명되고 있다. 디모데후서 1장 9절의 "우리의 행위를 따라서가 아니라, 그 자신의 의도와 은혜를 따라 우리를 구원하신 분"이라는 표현에서도 동일한 의도를 볼 수 있다. 지금까지 제공되지 않았던 그 반대의 경우를 생각하도록 강제하지 않는 한, 갈라디아서와 로마서에서의 믿음과 행위에 대한 바울의 반립은 일반화된 구원론적인 반립의 빛에서, 혹은 적어도 그런 연장선상에서 읽혀야 할 것이다.

최근의 논의에서 이 구절들이 주목받지 못한 하나의 이유는 많은 새 관점 지지자들이 에베소서와 목회서신들의 바울저작권을 인정하지 않으려는 분위기에 편승했기 때문이다. 그러나 논쟁적인 이유에서 비롯된 저작권 부인을 그럴 수 있는 것으로 받아들인다고 하더라도, 바울의 저작권을 부인하는 많은 사람들에 따르면, 바울의 특별한 영향력이 미치는 지역地域을 포함하여, 에베소서와 목회서신들이 비롯된 것으로 간주되는 최초의 바울 이후세대의 교회에서 이미 갈라디아서와 로마서에 나타난 칭의에 대한 바울의 교훈의 일차적인 초점이 사라졌거나, 혹은 오해되었다는 것이 새 관점주의자들의 주장이다. 적어도 그러한 사태에 대한 믿을 만한 역사적인 설명을 제시한다는 것은 어려운 일이라는 사실은 언급해두어야 하겠다.

두 번째 근간을 이루는 생각은 이것이다. 바울의 칭의에 대한 교훈이 여러 가지 앵글을 통하여 파악될 수 있는 것이 자명하기는 하지만, 우리가 그 칭의의 가장 깊은 차원, 즉 그 교훈을 형성하고 지배하는 가장 근본적인 신학적인 사유의 차원으로 우리를 인도해 줄 그 앵글의 목록이 무엇인지 따져나간다면, 그것은 바로 로마서 5장과 고린도전서 15장에 기록되어 있는 아담과 그리스도 사이의 대조적인 병행일 것이다.

비록 자주 간과되는 것이기는 하지만, 대조라는 용어는 두 구절에서 동일한 것은 아니다. 그리고 그러한 차이는 충분히 사려 깊게 고려되어야 한다. 고린도전서 15장 21절과 22절을 포함하여 로마서 5장 12절에서 21절에 걸쳐서 나타나는 이 대조는 죄인으로서 아담, 즉 창세기 3장의 타락한 아담과 의로우신 그리스도 사이의 대조이다. 아담의 죽음을 초래하는 불법은 그리스도의 순종과 죽음에 정반대의 축을 이룬다. 고린도전서 15장 45절에서 49절에서는, 이미 로마서 5장에서 드러나는 것처럼, 이 대조가 보다 더 큰 맥락 안에서 파악되고 있다. 즉 피조된, 타락 이전의 아담으로서 창세기 2장의 아담[34]과 부활의 담지자로서 앞에서 거론하였던 것처럼 성령론적인 전망에서 생명-주시는 영으로서 종말론적인 생명을 가져오시는 그리스도 사이의 대조로서 확장되고 있다는 것이다.

---

34) 고린도전서 15장 45절에서 창세기 2장 7절의 인용에 주의할 필요가 있다.

여기서 특히 생각해보아야 하는 것이 고린도전서 15장 45절 이하에서는 이 대조의 전소지평이 드러난다는 사실이다. 내가 아는 한, 골로새서 1장 15절에서 18절의 내용과 함께 이 구절은 이 대조의 폭이 어느 정도인지 보여주는 앵글을 제공하는 바울서신의 유일한 구절이다. 그 넓이는 아담과 그리스도를 다른 사람들과 연대를 이루고 있는 대표들로서, 혹은 핵심적인 인물로서 묘사하는 방식에서 볼 수 있다. 여기서 바울의 윤곽의 순서는 아담이 첫째 ὁ πρῶτος요, 그에 앞서 누구도 존재하지 않는다. 그리스도는 마지막 ὁ ἔσχατος이요, 그 이후에는 아무도 없기 때문에, 문자적으로 종말론적인 인간eschatological man인 것이다45절.

그러나 그리스도는 "마지막 사람"일뿐만 아니라 그는 또한 그 자체로 "둘째" ὁ δεύτερος이기도 하다. 아담과 그리스도 사이에는 아무도 끼어들지 않는다. 달리 말하여, 여기서 우리에게 특별히 중요한 것은 바울의 언약사적 구조의 넓이, 그의 관심사의 궁극적인 질서는 다윗이나, 모세와 시내산에서 주어진 율법이나, 약속의 담지자인 아브라함이나, 노아나, 그 외의 어떤 누군가가 아니라, 다만 아담과 그리스도와만 관계된 것이라는 사실이다. 로마서 5장 14절의 언어를 여기서 활용하자면, 고린도전서 15장에서 아담은 "오실 자"인 그리스도의 "전형" 혹은 "모형" τύπος이며, 그 사이에 어떤 누구도 끼어들지 않는다. 바울이 이 구절에서 관찰하고 있는 것처럼, 그들 사이에 누구도 "고려하지" 않고 있다.

바울이 여기서 묘사하고 있는 이야기의 흐름은 다음과 같이 표현될 수 있을 것이다. 즉, "이스라엘-이야기"는 그 언약 이야기의 바탕을 이룬다. 이스라엘의 역사는 여기서 언급하고 있는 그 언약 이야기라는 지평의 밑바탕에 해당한다. 더 좋게 표현하자면, 바울신학의 전반적인 맥락에서 볼 때, 이스라엘-이야기의 전개는 보다 더 큰 이야기로서 언약의 역사를 위한 배경이다. 즉 창조와 새 창조, 원래의 창조와 완성에 이른 창조와 같은 이야기가 아담에 의해서 시작되고 결정된다는 이야기를 전개하는 토양과 같은 것이다.

로마서 5장 12절 이하에서 아담과 그리스도의 대조를 통하여 분명하게 표현된 칭의에 대한 바울의 진술이 고려되는, 따라서 전체로서 바울의 칭의에 대한 근본적인 차원을 두드러지게 하는 것이 바로 이 큰 전망에서 비롯된 것이다. 이런 차원들은 시간과 역사 너머에서 일어난다는 의미에서 무역사적 ahistorical이라는 뜻이 아니라, 시간에 종속되지 않는다는 면에서 무시간적 timeless 이며, 혹은 특별한 인종과 관련된 문제에 속한 것이 아니라는 의미에서 영속적이고 종말론적인 의미를 가진다고 말할 수 있을 것이다. 아마도 우리는 이런 차원들을 모든 인간과 관련하여 아담의 죄와 그 결과가 궁극적인 연관성을 갖는다는 의미에서 "초인종적"transethnic이라고 할 수 있을 것이다. 확실히 이런 차원들은 언약의 역사에서 이스라엘의 인종중심성에 앞선 것이며, 이스라엘의 인종성에 의해서 제기된 것보다 더 깊은 의미를 가지는 것이다. 이 관점은 새 관점의 주장의 강조점을 정면으로 논박

하는 것이다. 믿음과 율법의 행위 사이의 반립을 포함하여 바울의 칭의론은 보다 깊은 차원에서 파악되어야 하며, 최소한 무엇보다도 유대인과 이방인의 그리스도 안에서의 일치와 연합에 대한 것은 아니다. 복음의 필연적인 결과로서 핵심적이며 통합적인 요소인 일치는 칭의론의 구원론적 핵심에서부터 결과하는 부수적인 교회론적인 현상인 것이다.

이런 빛에서 볼 때, 여러 가지 논점이 로마서 5장 12절 이하에서 더 거론될 수 있다.

1. 반립적이고 지배적인 병행구조에서 볼 때, 이 사상의 흐름은 두 축을 따라 움직인다. 그 하나는 죄로부터 죽음에의 정죄에 이르는 것이며, 다른 하나는 의와 순종으로부터 생명에의 칭의에 이르는 것이다. 어떻게 이러한 반립이 이 두 축을 따라 세 중요한 요소, 즉 ① 죄와 의, ② 정죄와 칭의, ③ 죽음과 삶을 배열하는지 살펴보도록 하자.

2. 그리스도의 사역 안에서 형성되고 실현된 의는 죄에 대한 답변이다. "의"라는 것이 그가 머리로서 대표한 자들과의 연대적 관계, 혹은 그 관계 내에 그 위치를 갖는다면, 의는 그 자체로서 관계적인 현실이거나, 혹은 관계적인 개념이 아닌 것이다. 오히려, 의는 하나님의 뜻을 어긴 결과로서 비롯된 죄에 대한 반립이라는 그런 차원에서 관계적인 측면을 갖는 것이며, 긍정적인 표현으로 바꾸면, 하나님의 뜻에 순종하는 것이다.

3. 그리스도의 의의 관점에서 볼 때, 그 결과로서 칭의는 정죄에 대한 답변인 것이다. 달리 말하여, 정죄가 분명히 법정적이고 선언적인 것처럼, 칭의도 비슷하게 법정적이며 선언적인 것이다. 특히 법정적이라는 단어는 죄의 결과인 죄책과 정죄를 보상하고 제거하는 의미를 갖는다. 칭의는 갱신하는 것과 관련된 것이 아니며, 개인적인 것이든, 공동체적인 것이든, 혹은 우주적인 것이든 간에 실제적인 변화를 표현하는 대안적인 은유가 아닌 것이다. 칭의는 갱신과 관련된 것이 아니라, 배타적으로 그리스도의 의와 순종에 근거된 것이다. 부정적인 언어로 말한다면, 칭의는 무죄방면과 관련된 것으로 "어떤 죄책도 없다"는 선언을 통하여 죄인의 정죄를 무효화한다. 이것은 죄를 죄로 간주하지 않음으로써 죄를 용서하는 것이다롬 4:7-8. 긍정적인 언어로 표현하자면, 죄인을 의롭다고 선언하는 법적인 선언 행위인 것이다.

내가 생각하기에, 이 법정적인 행위는 바울의 이에 상응하는 동사인 "δικαιόω" 사용의 모든 경우에서 그런 것은 아니지만, 거의 대부분의 경우에서 그렇다. 이 선언의 행위는 정적인 것이 아니라, 법적인 간주 혹은 전가라는 개념과 관련되어 있다. 전가를 의미하는 단어가 바울에게서 얼마나 많이 나타나는지, 혹은 그렇지 않은지 하는 것은 그렇게 중요하지 않다.

또한 칭의는 의심 없이 공동체적인 차원을 가지며, 중요한 공동체적인 함의를 내포하고 있다. 그러나 이러한 함의는 방금 위에서 언급했던 그런 의미에서 "경건치 않은 자들" 각각이 개인적인 죄인으로서 믿음으로 말미암아 의롭게 될 때 존재한다.

4. 죽음에 반립하는 답변으로서, 그리고 그리스도 안에서 계시된 종말론적인 생명으로서, 생명은 죽음을 멸망시킨다. 특히, 18절에서 보는 것처럼, 생명이 의의의 결과이든지, 아니면 사실상의 계시로서 생명을 파악하는 것이든지 간에, 우리가 어떻게 "생명의 칭의"에 이르게 되는가 하는 것에 의존함으로써, 생명은 죽음을 멸망시킨다. 사실상 그 자신이 칭의 그 자체이신 그리스도께서 "우리의 칭의를 위하여 부활하셨다"롬 4:25는 사실은 후자의 의미를 지지하되, 전자를 배제하지는 않는다.

마지막 셋째로, 이러한 생각들은 칭의와 그리스도와의 연합 사이의 관계에 대하여 몇 가지 부가적인 언급을 하게 한다. 확실히 바울에게 있어서 칭의는 그리스도와의 연합 안에 그 자리를 갖는다. 그 연합과 상관없이는 어떤 칭의도 없다. 이 사실은 "그리스도 안에서의 칭의를 추구하십시오"라고 언급하는 갈라디아서 2장 7절과 칭의를 "율법으로부터 나 자신의 의를 소유함으로써가 아니라, 그리스도를 신앙함으로써 비롯되는", "그리스도를 얻고 그 안에서 발견되어지는 것"으로부터 나오는 칭의를 바라보고 있는 빌립보서 3장 8절과 9절에서 분명하게 지적되어 있다.

여기에 때때로 종교개혁 전통에서는 사라지곤 했던 하나의 생각이 있다. 즉 칭의를 그리스도와의 연합이라는 사실에 대한 특별한 언급이 없이 유일하게 전가적인 행동으로만 파악하려는 경향이 감지된다는 것이다. 만일 내가 올바르게 이해한 것이라면, 이것은 루터적인 전통에서 두드러진다. 말하자면, 구원의 서정에서 연합은 칭의의 열매로서 혹은 결과로서 칭의를 뒤따른다고 생각하는 것이다.[35] 종교개혁 전통은 보다 분명하게 성인들을 위한 웨스트민스터 신앙교육서 69문답에서 언급하는 것처럼, 칭의는 그 연합을 "보여주는" 실재들 가운데 있다는 사실을 인식하였다.

그러면 전가imputation는 무엇인가? 바울이 파악하는 것처럼, 의롭게 만드는 것과 관련된 연합은 전가를 위한 어떤 여지도 남기지 않는 것인가? 최근의 논의들이 보여주는 것처럼, 연합은 전가를 "불필요한"redundant 것으로 만드는가?[36] 이미 언급했던 전가를 뜻하는 유효적인 혹은 상거래적인 간주reckoning를 지시하는 요소들에 덧붙여, 이것을 또한 바울 교훈의 빛에서 생각해보아야 한다. 이미 언급한 것처럼, 그리스도와의 연합은 그리스도와 신자 사이의 인격적인 구별을 파괴하지 않는 그런 것이다.

---

35) 이를 위하여, J. T. Mueller, Christian Dogmatics (St. Louis: Concordia, 1934), pp. 320, 381; F. Pieper, Christian Dogmatics (St. Louis: Concordia, 1951, 1953), 2:410/ n. 65, 3:8/ n.9, 398을 보라. 또한 H. Schmid, The Doctrinal Theology of the Evangelical Lutheran Church (3rd rev.edn.; Minneapolis: Augsburg, 1961), pp. 481쪽 이하를 보라.

36) R. Lusk, "A Response to 'The Biblical Plan of Salvation,'" in E. C. Beisner (ed.), The Auburn Avenue Theology, Pros and Cons (Fort Lauderdale, FL: Knox Theological Seminary, 2004), pp. 118-48, 특히 142쪽을 보라.

"그 안에" 있다는 사실이 그리스도께서 그와의 연합 안에 있는 사람들을 위한다는 사실을 의미하는 "우리를 / 나를 대신하여"라는 사실을 무효화하는 것이 아니다. 그리스도와의 연합 가운데 있다는 진정한 의미는 또한 그리스도께서 신자들 "밖에" 머무신다는 사실을 의미하기도 한다.[37]

그러므로 만일 우리가 칭의의 근거가 내 안에 계신 그리스도라는 것, 나의 칭의됨의 기초가 그 안에 있다는 것에 동의한다면, 바울을 읽을 때에 우리가 생각할 수 있는 세 가지 선택이 있다. ① 십자가에서 정점에 도달한 순종에서 완성되고 종결된 그리스도 자신의 의, 현재 그리스도께서 자신의 영광스러운 신분에서 소유하신 바로 그 의라는 선택이 그 하나이다 고전 1:30. ② 그 관계의 사실, 연합된 사실 그 자체일 수도 있다. 혹은 ③ 그리스도와 연합된 자들 안에 계신 성령의 변화시키시는 사역의 결과에서 비롯된 그 의와 순종도 고려해야 한다. 요컨대, 그리스도와의 연합 안에서, 그리스도와 신자 사이의 연합 그 자체 안에서, 칭의의 근거는 신자들과 구별된 분으로서 그리스도 안에 있거나, 혹은 그리스도와 구별된 자로서 신자 안에서 있거나 할 수 있다는 것이다.

전가와 관련한 현재의 논의를 개괄하기 위해서 의도적이든 아니든 간에 칭의의 근거로서 방금 언급했던 전가의 두 요소인

---

37) 참고로 칼빈의 『기독교강요』, 3.11.11의 마지막 문장을 보라.

②와 ③을 고려할 필요가 있다. 그러나 그 둘도 확고하게 견지할 수 있는 입장은 아니다. 그것이 얼마나 실제적이고 친밀한가 하는 것과 관계없이 그 관계를 구성하는 사람들과 구별된 관계 그 자체가 나의 칭의의 근거가 될 수는 없다. 분명한 것은 바울에게서 이것은 하나의 실체로서 관계 혹은 관계 그 자체가 아니라 칭의하고 구원하는 인격, 특히 "나를 사랑하사 나를 대신하여 자신을 내어주신 하나님의 아들"갈 2:20이라는 인격이 관건이다. 위에서 언급했던 ②의 입장은 불가피하게 어떤 형식에 있어서 ③의 입장으로 끌려갈 것으로 의심된다.

그러나 본격적인 논의를 하지 않고서는 바울이 칭의가 신자 안에 계시는 성령의 지속적인 갱신의 역사에 근거한 것이라고 가르친다는 것도 확정할 수 없다. 죄의 비전가로서 칭의는 죄의 용서이고, 과거와 현재와 미래의 모든 죄로부터 자유롭게 하는 것이라는 사실에서 가장 분명하게 확인할 수 있다. 나의 죄가 용서되는 기초는 내 안에 계신 성령의 사역이 아니라 나를 대신한 그리스도의 희생이라는 사실은 분명하다. 특별히 신앙을 형성하는 일에 있어서 갱신하는 사역이 포함된 것은 확실하지만 그것이 근거가 될 수는 없다. 바울도 그렇게 파악하는 것처럼, 어떻게 현재 진행 중인 갱신의 일이 과거의 죄를 완전하게 용서한다고 생각할 수 있겠는가? 이런 질문에 대한 답변은 그럴 수 없다는 것이다.

결과적으로 우리는 세 가지 선택 가운데 첫 번째 것만 남겨놓게 되었고, 이것이 바울에게 적용할 수 있는 유일한 것이다. 그리스도와의 연합에 있어서, 그리스도의 의는 내가 칭의되는 근거이다. 즉, 내가 칭의될 때, 그의 의는 나의 의가 된다. 따라서 방금 언급했던 두 다른 가능성을 배제하고 이것이 사실상, 그리고 필연적으로 전가 개념의 핵심이 된다. 그리스도의 의가 나의 것으로 간주되는 것이다. 전가적인 측면은 그리스도와의 연합에서 주어진 칭의와 통합적인 것이며, 분리할 수 없는 것이다.

이와 관련하여 칼빈의 글은 인용할 만한 가치가 있다. 칼빈은 『기독교강요』 3권에서 칭의에 대한 그의 방대한 논의를 전개하면서 다음과 같이 결론을 맺는다. "신자들이 자신과 상관없이 의로운 자로서 평가되어야 한다는 사실이 칭의의 놀라운 계획이다."[38] 그러나 그러한 결론에 이르기에 조금 앞서서 칼빈은 신자들 "밖에" 계신 그리스도를 어떻게 이해하고, 또 어떻게 이해하지 않는지에 대하여 다음과 같이 표현하고 있다.

"그러므로 머리와 그 지체들이 함께 연합함으로써 이루어진 우리 마음에 계신 그리스도의 내주, 즉 신비적인 연합은 우리에게 가장 중요한 것이다. 결과로서 우리의 소유가 되신 그리스도는 우리에게 자신이 가지신 모든 은사를 공유하도록 하신다. 그러므로 우리는 그분의 의가 우리에게 전가되도록 하기 위해서

---

[38] 칼빈, 『기독교강요』, 3.11.11. 본문상의 주를 각주로 옮긴 것이다. 역자 주.

그분을 우리 자신에게서 멀리 떨어져 계신 분으로 생각하지 않는다. 오히려 우리는 그리스도로 옷 입었고, 그의 몸에 접붙임을 받았다. 요컨대, 그리스도께서 우리를 자신과 하나 되도록 의도하신 것이다. 이런 이유로 우리는 우리가 그분과 함께 의의 교제를 가진다는 사실을 찬미하는 것이다."[39]

내가 확신하건대 이보다 더 분명하게 언급할 수는 없을 것이다. 여기서 우리는 바울의 독특한 신학이라는 관점에서 생각하지 않았던 사람을 떠올릴 수도 있을 것이며 – 바울신학 강연회에 참여했던 그 사람처럼 –, 그 사도의 마음과 심장을 잘 이해했던 사람도 떠올릴 수 있을 것이다.

---

39) 칼빈, 『기독교강요』, 3.11.10. 본문상의 주를 각주로 옮긴 것이다. 역자 주.

제3장

# 구원의 서정과 종말론 I

앞장에서 그의 복음-신학의 "중심"과 관련한 우리의 논의를 전개하는 과정에서 바울이 강조하였던 인격적인 구원의 적용을 탐구하였다. 우리가 확인한 바와 같이 그 "중심"은 그리스도의 죽으심과 부활에 있으며, 메시아적인 고난과 그 결과적인 영광에 놓인 것으로서 그 핵심에 종말론이 있다. 따라서 믿음으로 말미암아 십자가에 못 박히시고 부활하신 그리스도와 연합하는 구원의 서정의 핵심은 그 자체로 종말론적인 현실과 연결된다. 이 장章과 다음 장에서는 종말론적인 요소가 우리의 지배적인 관심사가 된다. 우리가 이미 파악한 것 위에 바울이 믿음으로 얻은 그리스도 안에서의 종말론적인 구원을 어떻게 정교하게 형성하고 있는가? 하는 문제를 다루게 된다. 믿음으로 그리스도와 연합함으로써 얻게 된 구원론적인 함의가 무엇이며, 또한 그 구원의 종말론적인 차원이 무엇인가? 하는 것이다. 이 장章과 이 책의 나머지 부분에서 이 문제를 진술하려는 나의 관심사는 바울이 제시하는 전반적인 구조가 무엇인지 파악하는 것과 그 근본적인 차원의 의미를 분명하게 만드는 데 있다. 그 그림의 여러 측면이 내가 여기서 하고 있는 것보다 훨씬 더 깊게 탐구될 수 있는 여지가 있는 것임을 나도 기꺼이 인정한다.

## 1. 종말론과 인간론

이제 분명하게 알려질 것이지만 우리가 이 장章에서 다루게 될 토론은 주로 고린도후서 4장 16절의 "그러므로 우리가 낙심하지 않습니다. 비록 우리의 겉사람은 후패하지만 우리의 속사람은 날마다 새로워지고 있습니다"라는 말씀과 관련될 것이다. 우리는 이 구절을 바울에 대한 보다 깊은 이해에 도달하기 위한 출발점으로 삼을 것이다. 아마도 다른 어떤 구절에서보다도 이 핵심적인 구절에서 더 분명하게 기독교적 인간론에 대한 바울의 이해를 발견할 수 있을 것이다. 그리스도인으로서 그가 기독교가 견지하는 인간의 구조를 어떻게 이해하는지, 그러한 관점에서 그리스도인이 어떻게 자신을 그리스도인으로서 파악하는지 하는 것을 알게 된다. 여기서 우리는 그리스도의 부활과 재림 사이에 존재하는 그리스도인에 대한 바울의 근본적인 이해의 구조를 대하게 된다. 즉, 신자들이 의존하고 있는 근본적인 구조로서 이 막간의 기간에 어떻게 자신을 바라보아야 하는 것인가에 대한 바울의 이해를 살피게 된다. 달리 말하여, 바울이 이해하는 구원의 서정과 관련한, 즉 현실적으로 적용된 구원과 관련한 이슈를 들여다볼 수 있는 핵심적인 본문인 것이다.

이와 관련하여, 여러 가지 명쾌한 논평 가운데 몇 가지를 언급하려고 한다. 먼저, 바울은 이와 관련하여 범주적인 구별을 만든다. 그는 기독교적인 인간을 "속사람"과 "겉사람"으로 구별할 수 있는 것으로 본다. 이 구별은 로마서 7장 22절과 에베소서 3장 16절에서 "속사람"과 관련된 함의와 더불어 나타난다. 현재 영어권에서는 남성 단수를 피하고 있음에도 불구하고, 분명한 이해를 위하여 나는 헬라어 용어 $ἄνθρωπος$를 전통적인 의미로 번역한다. 그리고 이어지는 토론에서는 16절에 등장하는 유일한 주어 subject, 즉 "겉사람"과 "속사람"으로 존재하는 주어를 언급하는 것으로 "인간"이라는 대안적인 단어를 사용한다. 다른 번역으로서, "본성"ESV, NRSV, "인간성"NJB, "자아"NAB, 부사적인 대조로서 "외적으로/내적으로" "육체/정신"NLT 혹은 "인간성"과 같은 것은 내가 판단하기로는 부적절하다.

이 구별 – "겉사람"과 "속사람" – 은 두 구별된 인격적인 실재 혹은 본성으로 이루어진다는 점에서 부분적인 것의 합을 의미하는 것은 아니다. 비록 우리가 현재 언급하는 것처럼, 부분적인 것의 합이라는 함의가 있다고 하더라도 바울은 그리스도인이 일종의 정신병적인 혹은 두 인격으로 구성된 합성적인 이중적인 인격을 가진다고 말하지 않는다. 오히려 이 구별은 아마도 측면과 같은 것으로 이해하는 것이 최선일 것이다. 전체적으로 볼 때 진정한 의미의 기독교적인 인간의 인격성을 파악하는 두 방법이 있다. 이와 관련하여, 이 논의의 과정을 관통하는 극도로 중요한 것으로서 마음에 꼭 기억할 사실은 "속사람"과 "겉사람"으로 존재하는 것은 바로 유일한 "나"라는 사실이며, 또한 그것은 "후패하지" 않고 "실망하거나" 혹은 "포기하지" 않는 유일하고 총제적인 주체subject라는 사실이다.[40] "속사람"은 "겉사람"과 구별된 실재를 의미하지 않는다.

한편으로, 바울서신 다른 곳에서는 "겉사람"이 "육체" 혹은 "지체"에 상응하는 혹은 바꿔쓸 수 있는 것으로 나타나는 반면에, "속사람"은 빈번하게 "마음"과 혹은 때때로 인간의 영으로 이해된 "정신"을 지시하는 것으로 나타난다.[41] 여기서 내가 행하고 있는 것보다 더 조심스러운 연구가 보여주는 것처럼, "겉사람" 혹은 "육체"는 좁은 의미로서 신체적인 것 혹은 생물학적인 것 이상의 의미를 가진다. 우리가 적절하게 표현할 수 있다면, 심리적이며 육체적인 측면을 "함께 소유한" 주체로서 나-I-라고 할 수 있다. 이것은 기능하고 있는 나이며, 기능하고 있는 인격으로서 나이고, 사고하고 의도하고 말하고 행동하는 나인 것이다. 말하자면, "겉사람"은 "기능하고 있는 나"인 것이다.

이와 구별하여, "속사람" 혹은 "마음"은 내 존재의 중심에 있는 나, 내 기능 이전의 기질 가운데 있는 나인 것이다. 내 기능보다 더 근본적인 것이며, 그 기능을 결정적으로 지배하고, 그 기능 안에서 표현을 발견하는 것으로서 나로 하여금 기능하게 하

---

40) "낙심하지 않습니다" οὐκ ἐγκακοῦμεν라는 번역은 확실히 방어적이긴 하지만, 심heart, καρδία이라는 단어가 "속사람"과 더 가까운 표현이거나 혹은 심지어 동일한 표현으로 사용하는 바울의 관점에서 볼 때, 그리 선호할 만한 것은 아니다.

41) 특히 Ridderbos, Pual, pp. 115-21쪽을 보라.

는 것이 바로 기질이다. 바울이 일반적인 인간을 볼 때, 그리고 특별히 신자들을 볼 때 그런 것처럼, 우리는 생각하거나 혹은 말하거나 혹은 행동하는 것 이상의 존재인 것이다.

16절에서, 바울이 그리스도인의 인격에서 아주 특별한 것, 사실상 아주 근본적인 "분리"split를 표현하고 있다는 사실은 분명하다. 그러나 그가 그리스도인의 인격적인 구성을 가르거나 혹은 이원화하여, 속사람은 핵심적인 것으로, 겉사람은 껍데기 혹은 덮개로 이해하지는 않는다. 오히려, "속사람"으로서 그리스도인에게 참된 것이 아직도 "겉사람"에게는 참되지 않은 것이다. 그러나 현재, 즉 그리스도께서 재림하시기까지는 "겉사람" 내부에서만 참된 것이다. "속사람"이 속사람인 것은 오직 "겉사람" 안에서만 가능한 것이다. 균형을 가지고 다시 말하자면, 신자에게 참된 것이 아직 그들의 육신적인 면에서는 참되지 않은 것이다. 그러나 그것은 현재까지, 즉 죽음에 이를 때까지 그런 것이고, 육체의 부활을 내다볼 때, 육신 안에서도 참된 것이다.

바로 앞선 문맥 내에서, 정확히 동일하다고 할 수는 없지만 16절과 직접적으로 연결되는 것은 "우리는 질그릇에 이 보배를 가졌습니다"라고 말하는 7절이다. 이 진술은 엄밀히 말하여 자서전적인 것이지만 또한 확실히 모든 신자들에게 참된 것으로 적용될 수 있는 대표적인representative 차원을 포함하고 있다. "이 보배"는 바로 앞선 구절4-6로부터 다양하게 추측될 수 있을 것이다. 이것은 복음이거나 복음의 내용, 혹은 그리스도 안에 있는 하나님의 종말론적인 영광, 혹은 그리스도 자신의 인격이나 신자들 안에 내주하시는 영광을 입으신 그리스도이다. 이와 구별된 "질그릇"은 신자들의 "겉사람" 혹은 육체적인 실존 가운데 있는 신자들을 의미할 것이다.

둘째, 항상 떠나지 않는 집요한 오해를 명쾌하게 제거하기 위해서, 고린도후서 4장 16절에 나타난 구별은 바울서신의 다른 곳에서 발견되는 옛사람-새사람의 구별과는 동일하지 않다는 사실을 지적해야 하겠다. 바울은 "우리의 옛사람이 그리스도와 함께 십자가에 못 박혔습니다" 롬 6:6라는 사실에 대하여 분명하다. "그리스도를 옷 입음" 갈 3:28으로써, 즉 믿음으로 그리스도와 연합됨으로써, 그리스도인들은 "옛사람을 벗어버리고 새사람을 입은 것입니다" 골 3:9-10라는 사실에 대하여 분명하다. 따라서 고린도후서 4장 16절에 나타나는 유일한 주체는, 즉 "낙심하지 않는" 바로 그 사람은 그리스도 안에 있는 새사람인 것이다. 앞에서 언급한 것처럼, 속사람"과 "겉사람"의 존재방식 안에 실존하는 그리스도인인 것이다.

셋째, "속사람" 그리고 "겉사람"은 그리스도인 안에서 행동하는 정반대의 원리를 지시하는 것이다. 달리 말하여, 삶과 죽음이라는 결과를 가져오는 반립적인 실재인 것이다. "겉사람"은 죽음을 초래케 할 부패에 종속된 "나"인 것이며, "속사람"은 종말론적인 삶과 매일같이 지속되는 삶의 갱신 안에서 자신을 확인하는 "나"인 것이다.

그 의미에 대한 이러한 분명한 언급과 더불어 우리는 "속사람"-"겉사람"의 구별을 지금까지 살펴보았던 구원의 서정, 즉 믿음으로 말미암는 영광을 입으신 그리스도와 연합이라는 바울 신학의 심장과 연결해야 한다. 바울신학의 명백한 중심으로서 그리스도와의 이 연합은 그 구별에 대하여 중요한 전망을 제공한다. 동시에, 우리가 보게 되겠지만, 어떻게 이 연합이 현재적인 실재가 될 수 있는가 하는 것을 이 구별이 명쾌하게 보여줄 것이다.

명백히 인간론적인 용어로, 혹은 근본적인 인간론적인 관점으로 볼 때, 고린도후서 4장 16절은 그리스도인의 삶에서 그리스도와의 이 연합이 영향을 미치고, 그것에 상응하는 결과를 가져온다는 사실을 보여준다. 또한 그 연합이 그리스도의 부활과 다시오심이라는 기간에 걸쳐서 실현된다는 사실을 보여준다. 이 것이 이 기간 동안 종말론적인 현실에서뿐만 아니라 그 현실에서 경험하게 되는 한계가 무엇인지를 알게 함으로써 그 연합이 가져오는 근본적인 상황을 인간론적으로 열어준다.

특히 고린도후서 4장 16절은 그리스도와 우리의 연합 그리고 그 연합에 뒤따르는 은덕benefits을 공유하도록 하는 근본적인 "현재와 아직-아니"의 구조를 반성하도록 도와준다. 여기서 우리가 그리스도 안에 계시된 종말론적인 구원에 참여하는 것은 실현된 부분과 아직 실현되지 않은 부분, 이미 현재하는 것과 아직 미래에 속한 것 모두에 속하는 것이다. 혹은 바울의 전반적인 구조로서 종말론적인 구조에서 본다면, 이 세대에 속한 신자들의 상황으로서 종말 이전의 혹은 비종말적인 질서와 오는 세대, 즉 종말론적인 질서는 그리스도의 초림과 재림 사이의 기간 동안 오버랩 된다. 우리가 이해하는 한에서 바울서신의 다른 어떤 곳에서보다 여기서 우리는 근본적인 인간론적인 구별이라는 측면에서 파악하는 참여와는 다른 방식으로 표현되는 종말론적인 구원에의 현재적인 참여를 더욱 분명하게 그리고 범주적으로 파악하게 된다.

비록 자주 간과되는 것이기는 하지만, 16절에서 한 중요한 측면은, 근본적인 인간론적인 차이가 우리가 앞으로 다루게 될 예와 아니오의 변증법적인 구조로 표현되는 무차별적인 왜곡을 멀리하고 "이미"와 "아직 아니"라는 부사적인 표현을 고수하는 방식으로 표현되고 있다는 사실이다. 달리 말하자면, "속사람"을 향한 분명한 "예"와 "겉사람"을 향한 분명한 "아니오"를 견지하고 있다는 것이다. 내가 "겉사람"인 한, 즉 나의 육체적인 실존에서 파악하는 한, 그리스도와의 연합을 인하여 주어지는 그런 은덕들은 아직 소유하지 못한 것으로 나타난다. 내가 그것들을 소유하는 것은 여전히 미래에 속한 것이다. 다른 한편으로, 내가 "속사람"인 한 혹은 "마음"에 속하는 한 내 존재의 중심에서, 나의 가장 근본적인 "경향" 혹은 기질에서, 나 자신을 파악할 때, 그러한 은덕들은 이미 받은 것이며 소유하고 있는 현재적인 실재가 된다.

이 근본적인 상태는 바로 뒤따라 나오는 5장 1절에서 10절에 걸쳐서 분명하게 설명되고 있다. 그곳에서 바울은 신자들의 육체적인 부활의 소망에 대하여, 달리 말하여, "겉사람"의 소망에 대하여 언급하고 있다. 이 맥락에서 7절은 "우리는 믿음으로 행하고 눈에 보이는 것으로 행하지 않습니다"라는 사실을 확정하고 있다. 이 격언적인 진술은 4장 16절처럼 그리스도인의 삶에 대한 근본적인 전망을 열어주는 일종의 주장인 것이다. 특별히 여기서 교훈적인 것은 4장 7절을 포함하여, 4장 16절을 해석하는 방법에 관한 것이다. "믿음으로"는 "속사람" 혹은 "이 보배"와 상호 연결되며, 현재 신자들에게 진정한 현실인 "눈에 보이는 것으로"는 "겉사람" 혹은 "질그릇", 그리고 여전히 미래에 속한 것과 상호 연결된다. 그리스도의 재림 때까지, 이 현재의 시간에는 우리의 그리스도와의 연합과 그 연합에서 비롯되는 은덕을 우리가 소유하는 것이 "믿음으로" 주어지는 것이지, "눈에 보이는 것으로" 주어지는 것은 아니다. 우리는 현재 "믿음의" 방식으로 우리의 구원을 경험하며, 그 "믿음"은 "보는 것"에 속하지 않는다. 그러한 "봄"으로써 그리스도와의 연합에서 비롯되는 그 은덕에 참여하는 것은 그리스도께서 다시 오시는 날에 있을 육체의 부활에서 공개적으로 나타날 때까지 유보된다. 이것이 근접문맥의 지배적인 관심사이다.

바울에 따르면, 어떻게 우리가 고린도후서 4장 16절에서 파악한 바울의 "구원론적 인간론"의 근본적인 차원들을 보다 더 공교하게 이해할 수 있는 것인가? 그에게 있어서 일차적인 비준은 무엇인가? 이 질문에 답하기 위해서, 우리는 앞장과 이 장에서 언급하였던 구별들을 종합하여, 그 구별을 상호 작용하게 하거나 혹은 "뒤섞는" 길을 모색할 것이다. 즉, 법정적이고 변혁적인 것 사이의 구별, 속사람과 겉사람의 구별, 신앙과 보는 것의 구별, 현재와 미래의 구별이 바로 그것이다. 이 일을 할 때에 가장 기본적인 전거로서 법정적인 것과 변혁적인 것 사이의 구별을 택할 것이다. 사실상, 이 구별은 그리스도와의 연합에서 비롯되는 근본적이며 이중적인 은덕과 연결된 것이기 때문에, 죄의 근본적이고 이중적인 결과로서 죄책과 소외뿐만 아니라 부패와 노예됨을 제거한다. 위에서 거론했던 이 구별이 형성하는 복잡한 이해의 구조 내에서 갱신적이고 변혁적인 측면, 달리 말하여, 성화에 대한 바울의 교훈에 시선을 고정하고서 이 작업을 수행할 것이다.

## 2. 종말론과 성화

### 1) 그리스도와의 연합과 부활한 사람들

바울의 성화와 갱신에 대한 교리를 파악하는 것은 그리스도의 부활, 특히 그리스도인의 부활과 이것을 어떻게 연결시키는가 하는 것과 긴밀하게 연결되어 있다. 결과적으로, 예외 없이 그는 그리스도의 부활과 그들의 부활 사이의 일치를 강조하고, 부활에 있어서도 그리스도와 신자들 사이에 게재된 연대성을 강조한다. 그리스도 자신의 부활을 "잠자는 자들의 첫 열매"고전 15:20로 묘사하는 것은 이런 맥락을 견지하는 바울의 교훈에 도달하는 출발점이 된다. 바울서신의 어떤 다른 곳에서도 부활에 있어서의 일치와 연대성을 이렇게 분명하고 또한 선명하게 제시하지 않는다.

### (1) 그리스도인들의 미래 육체적인 부활

이 구절에서 특히 지적할 수 있는 것은 "첫 열매"ἀπαρχή라는 단어이다. 20세기 초엽에 이 구절을 주석했던 요하네스 바이쓰Johaness Weiss는 "이 짧은 단어가 하나의 뚜렷한 논지를 포함하고 있다"는 사실을 관찰하였다. 이 진술에 사용된 언어에 대하여는 예외를 적용할 부분이 없지 않지만, 사실상, 여기 사용된 이 단어가 함의하는 바는 문맥상 15장 전체의 논증을 강조하고 있을 뿐만 아니라 부활에 관한 바울의 교훈의 전반적인 구조를 잘 드러내고 있다.

"첫 열매"는 농사에 사용되는 용어이다. 그리고 여기서 이 단어의 용례는 매해 봄 추수가 시작될 때 가져와 "첫 열매" 제사를 드리는 행위를 언급하는 제의적 의미를 가진 구약적인 배경을 염두에 둔 것으로 볼 수 있을 것이다출 23:19; 레 23:10-11. 이 용례는 추수 때의 첫 곡식단을 생각하게 하며, 이는 전체를 대신하는 보증금에 해당하는 것이다. 그러나 이렇게 함으로써 단순히 시간적인 우선성을 지시하는 것은 아니다. 유기적인 연결 혹은 연합이라는 개념이 또한 개입되며 따라서 명백히 핵심적인 것이 된다. "첫 열매"는 전체의 한 부분으로서 파악되는 첫 번째 분량이며, 따라서 전체와 분리될 수 없으며, 전체추수를 대표하는 것이다.

달리 말하여, 바울은 여기서 그리스도와 신자들의 부활은 분리될 수 없다는 것이다. 왜 그런 것인가? 바울이 의도적으로 사용하는 이 은유를 확장하면, 그리스도의 부활은 신자들의 부활을 포함하는 부활 "추수"의 "첫 열매"이기 때문이다. 이 사상은 23절의 "각각 순서대로 일어날 것이니, 그리스도가 첫 열매요, 그 다음은 그가 다시 오실 때에 그리스도에게 속한 자들이라"는 말씀에서 강화된다.

명료하게 표현하자면, 우리는 불신자들의 부활은 바울의 관심사 밖에 있다는 사실을 지적해야만 한다. 이 사실은 데살로니가전서 4장 14절로부터 18절에서도 동일하게 나타난다. 20절과 고린도전서 15장의 나머지 부분에서 부활은 전반적으로 구원론적인 빛에서 파악되고 있다. 논의하고 있는 "첫 열매" 연대성은 배타적으로 그리스도와 그리스도인 사이에 적용되며, 불신자들을 포함하지 않는다. 자신의 구약적인 기반단 12:2에 충실한 바울은 최종적인 부활은 불신자도 포함한다는 사실을 인정한다. 그 사실이 사도행전 24장 15절에 나타난 펠릭스를 향한 바울의 반응에서 발견된다: "의로운 자와 악한 자의 부활이 있을 것입니다." 그러나 이 측면이 그의 서신서에서는 그렇게 주목받지 않고 있다. 거듭하여 그리고 일관성 있게 부활이 긍정적인 측면에서, 즉 구원론적인 측면에서 파악되고 있다.

우리는 여기서 바울이 말하고 있는 사실의 충분한 영향을 지나치지 말아야 한다. 바울에게서 그리스도의 부활이 우리의 부활의 보증이며, 이는 확실히 하나님의 영원한 목적 혹은 교회를 향한 하나님의 약속에 속한 것이라고 말하는 것으로서는 충분하지 않을 만큼 확실한 사실이다. 오히려 그리스도의 부활은 실제적이며, 그 자체로 "총체적이고 전반적인 사건으로서" 부활의 대표적인 시작이라는 의미에서 보증인 것이다. 바울의 관점에서, 신자들을 포함하는 총체적인 부활은 그리스도의 부활과 더불어 시작된다.

그래서 우리는 이러한 사색을 시도할 수 있을 것이다. 즉, 현대의 한 예언 강연회에 바울이 참석하고 "신자들의 부활이 언제 일어납니까?"라는 질문을 받았다면, 그가 제시할 첫 번째 대답은 "이미 시작되었습니다!"일 것이다. 그리스도의 부활에서 종말론적인 부활 추수가 가시화되고, 가시적인 실재가 된다는 것이다. 이것이 고린도전서 15장 42절로부터 49절에서 전개되는 바울의 논증의 지배적인 내용 가운데 하나이다.

그러므로 확실히 부활하신 그리스도가 첫 열매라고 하는 바울의 주장은 두 가지 생각과 연결되어 있다. 그의 부활은 과거의 어느 시점에 고립된 사건이 아니다. 오히려 확실히 발생했던 과거 역사에 속하는 것이지만 동시에 미래에도 속하는 것이다. 미래로부터 과거에로 뚫고 들어오며, 그 미래로부터 현재를 지배하는 것이라고 말할 수 있을 것이다. 다양하게 표현하자면, 그리스도의 부활에서 올 세대는 이미 시작되었고, 새 창조는 이미 현실적으로 동터왔으며, 종말론은 이미 시작된 것이다.

둘째, 지금까지 우리가 생각했던 중요한 포인트는 그리스도의 부활과 신자들의 미래의 육체적 부활 사이에는 일치 혹은 연대성이 있다는 사실이다. 아마도 우리는 바울이 의미하는 두 부활이, 하나의 동일한 사건에 속하지만 시간적으로는 구별된 두 장면two episodes인 것처럼 서로 분리된 두 사건들로 강조되어서는 안 된다는 사실을 언급해야 할 것이다. 그리스도의 부활과 신자들의 부활이 함께 동일한 "추수"의 시작과 끝을 형성한다.

더 간략하게, 우리는 바로 앞에 나오는 12절로부터 19절에서, 20절의 확정을 예견하고 가정할 수 있는 동일한 일치를 보여주는 생각이 바울의 가정적인 논증인 "만일-따라서"라는 구조를 강조하고 지배한다는 사실을 발견한다. 여기서 놀라운 것은 바울이 두 방향에서 논의를 전개한다는 사실이다. 즉, 그리스도의 부활로부터 신자들의 부활로 나아갈 뿐만 아니라 신자들의 부활로부터 그리스도의 부활에로 나아간다는 것이다. 부정적으로 표현하자면, 신자들의 미래 부활을 부인하는 것은 그리스도의 부활을 부인하는 것이라는 함의를 전달하는 것이다13, 15, 16절. 분명하고 지배적인 가정은 두 부활이 너무나 긴밀하게 연결되어서 하나가 다른 하나와 분리할 수 없이 주어져 있다는 것이다. 이 두 방향으로의 가설적인 논증이라는 방식이 양자 사이를 이해하는 바울의 생각이 내포하는 긴밀한 결합과 일치를 도드라지게 만든다. 우리가 이미 제기했던 것처럼, 이것이 두 부활이 동일한 사건의 두 장면인 것처럼 그렇게 많이 분리된 사건이 아니라는 사실을 확인케 한다.

고린도전서 15장 20절과 유사한 여러 다른 진술들 가운데 하나가 영광을 입으신 그리스도를 "죽은 자들로부터 처음 난 자"로 묘사하는 것이다골 1:18. 여기서 "처음 난 자"$\pi\rho\omega\tau\acute{o}\tau o\kappa o\varsigma$는 "첫 열매"와는 달리 그 자체로 연대성을 함의하지는 않는다. 그리스도의 부활이 출생의 과정을 거친다는 것과도 비교되어서는 안 된다. 오히려 구약적인 용례출 4:22; 시 89:27의 배경에서 처음 난 자는 부활하신 그리스도의 독특성과 탁월성을 지시하는 것이다. 그러나 특징적인 전치사구인 "죽은 자들로부터"는 연대성을 전달하고 있다. 부활을 통하여 그리스도께서 죽은 자들로부터 혹은 신자들을 포함한 죽은 자들 가운데서부터 부활하신 자로서 "처음 난 자"인 것이다. 그러므로 "죽은 자들로부터 처음 난 자"는 이미 부활하신 자로서, 앞으로 부활하게 될 죽은 신자들과의 연대성을 유지하는 분으로서 탁월성을 표현하는 것이다.

(2) 그리스도와 함께 이미 일으키심을 받았고
지금까지 이 구절은 그리스도의 부활과 신자들의 "미래의"

"육체적인" 부활 사이의 결합 혹은 일치를 의미하는 것으로 파악되었다. 그러나 바울의 부활신학의 온전한 그림을 얻기 위해서 우리는 과거시제로 신자들의 부활을 말하고 있는 다른 구절을 제시하여, 신자들이 "이미" 그리스도와 함께 일으키심을 받았다엡 2:5-6; 골 2:12-13; 3:1; 롬 6:1 이하; 갈 2:20는 사실을 언급할 필요가 있다. 그리스도인에게서 부활은 이미 과거라는 사실을 확증하는 이런 진술들을 우리가 어떻게 이해해야 하는가?

앞 문단에서 인용한 구절들이 그리스도의 부활의 때에 그리스도인들이 그리스도와 갖게 될 연관과 연대성을 가진다는 사실을 주장하고 있다는 점은 확실히 진리의 중요한 측면을 내포하는 것이다. 이런 의미로 그들의 부활은 그들의 "대표로서" 그들을 "위하여" 부활하신 그리스도 안에서 이해되어야 한다. 그러나 주의 깊게 읽게 되면 이 구절은 핵심적일뿐만 아니라 일차적인 또 다른 측면을 보여준다. 그리스도인들의 실제적인 삶의 역사에서 이미 일어난 것으로서 부활은 "실존적인" 차원을 갖는다는 사실이 중요하다. 이러한 이해를 위한 여러 가지 근거들이 있다. 첫째, 에베소서 2장 1절에서 11절에는 삶의 방식 혹은 한 사람의 실제적인 행동의 방식을 의미하는 "행한다"라는 핵심적인 단어가 등장한다. 이 단어는 독자들이 이전의, 옛 세대의, 그리스도인이 되기 이전에 죄와 허물로 죽은 상태에서 "행한다"는 사실로 시작하여, 현재는 그리스도 안에서 창조된 선행을 위하여 "행하고" 있다는 사실과 더불어 이 구절을 끝맺는다10절. 이러한 대조는 다음의 질문을 촉발시킨다. 무엇이 이러한 급진적인 반대 행동, 즉 행위에 있어서 180도 전환할 수 있게 하는가? 그 질문에 대한 답은 일종의 문단의 전환점 pivot point이라고 할 수 있는 이 구절의 중반부인 5절과 6절에서 곧바로 주어진다. 행동에 있어서 이런 결정적인 변화를 산출한 것은 그리스도와 함께 일으키심을 받아 살아가고 있기 때문이다.

실존적인 의미에서, 골로새서 2장 12절은 그리스도와 함께 부활하는 것이 "믿음을 통하여" 일어난다고 지적한다. 더 나아가서, 골로새서 3장 1절에서 4절, 그리고 로마서 6장 2절에서 7장 6절에서는 지금 생각하고 있는 부활이 현실적인 순종과 거룩한 삶의 동기이며 기초라는 사실을 전달하며, 그것은 인격적인 변화로서 이해되어야 한다는 사실을 언급한다. 마지막으로, 로마서 6장과 골로새서 2장은 그리스도와 함께 일으키심을 받은 것이 세례를 통하여 인간에게 봉인된 은덕들 가운데 속한다고 말한다. 그러므로 이러한 이유들을 통해서 볼 때, 그리스도와 함께 이미 일으키심을 받은 것은 단순히 "원리상" 사실일 뿐만 아니라 "실존적으로도" 사실이고 현실이다. 언급된 이 구절의 일차적인 관심은 단번에 성취된 것에 있는 것이 아니라 구원의 지속적인 적용에 있다. 사용된 언어가 구속사 historia salutis인 반면에, 서술된 내용은 구원의 서정 ordo salutis에 속한다는 사실을 우리가 언급해야 할 것이다. 이렇게 진술할 경우, 그리스도와의 연합 덕택에 구원의 "역사"와 구원의 "서정"은 분리불가능하다는 사실을 확실하게 한다.

지금까지의 우리의 논의를 요약하자면, 세 가지 요소가 부활에 있어서 그리스도와 신자들 사이의 일치에 대한 바울의 교훈을 형성한다. ① 그의 죽으심 이후 사흘 만에 일어난 그리스도 자신의 부활, ② 그리스도를 삶 속에 받아들임으로써, 즉 그 구원의 일차적인 수혜자로서 신자들 안에 발생하는 부활, 그리고 ③ 그리스도의 재림 때에 있을 미래적이고 육체적인 부활이 그것이다.

더 나아가서 이 세 요소들의 유기적인 관계를 마음에 기억할 때, 이것들이 하나의 유일한 "추수"를 가져온다는 사실을 발견하게 된다. 부활에 대한 바울의 교훈의 근본적인 패턴을 표현하려고 할 때, 그리스도의 부활과 그리스도인들의 부활의 일치를 언급해야 하며, 신자들의 부활은 개개 신자들의 경험에서 두 장면으로 구성되는 바, 그 하나는 과거의 측면으로서 이미 성취된 것과 관련되며, 다른 하나는 미래적인 측면으로서 아직 실현되어야 할 것이라는 사실을 고려해야 한다. 전체적으로 보아, 두 세대가 겹치며, 종말이전의 질서와 종말론적 질서가 겹치는 바울의 종말론의 형식적인 구조가 근본적인 종말론적인 현상을 신자들이 인격적으로 경험해야 한다는 것과 그들의 구원이 이미 실현되었으며 또한 여전히 실현되어야 한다는 바울의 교훈에 어떻게 반영되는 것인가 하는 것을 지적하게 된다.

### (3) 용어

만일 우리가 신자들의 경험하는 부활의 두 측면을 여러 가지

각도에서 또한 이런 저런 적절성을 따져서 구별하는데 필요한 용어의 문제를 제기한다면, 가능한 것이 아마도 비육체적-육체적, 내적인-외적인, 불가시적인-가시적인, 비밀스러운-개방된 등과 같은 것이 될 것이다. 결정적으로 받아들일 수 없는 것은 영적-신체적 혹은 영적-육체적과 같은 용어들이다. 적어도 "영적" $πνευματικός$이라는 단어가 사용된다면, 바울에게서 이것은 유일하게 비非일관된 용례인 에베소서 6장 12절을 제외하고는 항상 성령의 사역 및 역할과 관련되어 있다. 이런 의미로 사용된 "영적"이라는 단어는 부활의 두 측면을 차별화하는 데는 불충분하다. 현재 이미 실현된 부활은 의심의 여지없이 성령의 사역이며, 그런 의미로 "영적"이라는 말로 합당하게 표기할 수 있다. 그러나 문제는 미래의 육체적인 부활은 다소 영적인 것이 미치지 못하며, 또한 영적인 것 이상이기도 하다는 사실이다. 육체의 부활에서 신자들 안에 계신 성령의 사역은 그 정점, 곧 궁극적인 실현에 도달하게 되며, 따라서 고린도전서 15장 44절에서 부활체를 설명하기 위해서 택한 유일한 단어가 "영적"이라는 단어이다. 이 경우, 그 육체 혹은 몸은 성령에 의하여 갱신되고 변화된 육체라는 사실을 필연적으로 동반한다.

이쯤에서, 비록 지나가면서 하는 말이긴 해도, 널리 퍼져 있는 오해를 지적하는 것이 유익할 것이다. 즉 바울이 부활체를 영적이라고 묘사하는 것이 마치 비물질적인 구성을 가진 "영적"인 본질로서 비신체적인 것을 말하려는 것이 아니라는 것이다. 정반대로, 근접문맥인 42절에서부터 49절에 걸쳐서 신자들의 부활체가 변형되긴 하지만, 진정으로 육체적인 성격을 가진다는 사실을 확언한다. 다시 말하여, 신자들의 종말론적으로 변화된 육체는 부활 때에 성령 안에서 이루어진다는 것이다. 따라서 이런 영적인 변화에 주목하면서 영적인 부활체는 또한 최근에 라이트N. T. Wright가 제안한 것처럼, "초超육체적"transphysical이라고 적절히 표현할 수 있을 것이다.[42]

만일 우리가 바울의 손을 잡고 부활의 이 두 측면을 구별할 수 있는 용어가 무엇인지 묻는다면, 그는 우리가 논의하는 핵심구절인 고린도후서 4장 16절을 기꺼이 지적할 것이며, 이 구별은 그가 만든 것이다. 만일 그 신자가 "속사람" 나의 인격에 동기를 부여하는 중심인 마음인 한, 나는 이미 일으킴을 받았으며, 만일 그 신자가 "겉사람" 육체 혹은 지체들인 한, 나는 아직도 일으킴을 받아야 한다.

### (4) 몇몇 관련된 관찰들

내가 파악하는 한, 사실상, 부활에 있어서 그리스도와 신자들 사이의 일치에 관한 바울의 일관되고 뚜렷한 강조는 단순히 그리스도의 부활의 사실을 언급하는 여러 진술에 따라서 간접적인 그러나 파고드는 방식으로 강화된다. 그러한 진술에는 두 종류가 있다. 둘 다 동사이고 거의 배타적으로 "$\dot{\epsilon}\gamma\epsilon\dot{\iota}\rho\omega$"의 형태이

---

42) N. T. Wright, The Resurrection of the Son of God (Christian Origins and the Question of God, Vol. 3; London/Minneapolis: SPCK: Fortress, 2003), 447 ("'초'trans는 '변화된'transformed의 축약형이다."); 또한 612, 661쪽을 보라.

다. 한 경우는 이 동사가 하나님과의 관계에서 능동적으로 활용된 것으로서 아버지를 주어로, 예수님을 직접적인 목적어로 취한 형태롬 10:9; 갈 1:1로서 다양하게 나타난다. 다른 하나의 경우, 이 동사는 예수님을 주어로 취하는 수동태적인 형식을 취한다롬 4:25; 고전 15:20.

부활과 관련하여 아직 충분하게 주목받지 않은 예들을 요약하면, 집단적이고 일관되며 분명한 패턴을 드러낸다. 아버지로서 자신을 규정하신 하나님께서 예수님을 일으키시며, 이 경우, 예수님은 부활에 있어서 수동적이다. 내가 파악하고 있는 한 바울은 이 관점을 예외 없이 일관성 있게 견지한다. 어디에서도 바울은 그리스도께서 그의 부활에 있어서 능동적이셨다고 말하지 않으며, 그가 자신을 일으키셨다고 언급하는 경우가 거의 없다. 바울은 그리스도께서 죽은 자들로부터 "일어나셨다"고 말하지 않으며, 그가 "일으키심을 받았다"라고 말한다. 데살로니가전서 4장 14절에서 "예수님은 죽으셨고 다시 일어나셨습니다"라고 언급하는 것은 16절의 "그리스도 안에서 죽은 자들이 먼저 일어날 것입니다"라는 진술의 빛에서 볼 때, 하나의 뚜렷한 예외이다. 여기서 바울은 그리스도와의 연합 가운데 있는 그리스도인들이 그들의 부활에서 능동적인 것보다 그리스도께서 그 자신의 부활에서 더 능동적이라는 사실을 말하려는 의도가 없다.[43] 모든

---

43) 각각의 경우, 즉 14절에서의 "ἀνέστη"와 16절에서의 "ἀναστήσονται"에서, 자동사 형태가 능동적인 행위 주체를 지시하는 것이 아니라, 행위를 묘사하고 있다.

곳에서 강조는 그리스도의 아버지의 생명-주시는 능력과 행위에 놓이며, 그리스도는 수용자와 은혜를 입는 자로 나타난다.

우리가 지금까지 살핀 이러한 강조의 신학적인 의미는 분명히 그리스도의 부활과 신자들의 부활 사이에 놓여 있는 지배적인 일치에 있다. 그의 부활에 있어서 그리스도의 수동성은 죽은 자들로부터 일으킴을 얻는 신자들과의 그리스도의 동일시 및 연대성을 반성하도록 한다. 바울에게 있어서 자주 이해되고 있는 방법과 혼동을 일으키는 것은 아니지만 조금 다른 방식으로, 부활은 그리스도의 신성의 분명한 활동이나 그 능력의 증거가 아니라, 고난당하시고 죽기까지 순종하신 그리스도의 성육신의 확증인 것이다. 이로써, 인성에 있어서 능하신 변형을 경험하는 것이다. 로마서 1장 4절에 있는 것처럼, 부활로 말미암아 그가 전과는 달리 현재 "능력 가운데 계신 하나님의 아들"이신[44] 것이다.

동시에 균형을 고려하자면, 이 연대성 안에서, 오직 그리스도는 "첫 열매"이시며, "처음 난 자"이시다. 오직 그만이 그 독특한 정체성에 뒤따르는 모든 것을 구비하신 마지막 아담이시다. 특별히 성화와 관련하여, 고린도전서 15장 42절 이하에서, 부활에 있어서 그리스도는 신자들이 갖게 될 "영적인 육체"spiritual body

---

44) 혹은 전치사구인 "능력 안에서"를 부사적인 용법이 아니라 형용사적인 용법으로 취하여 "하나님의 능하신 아들"the powerful Son of God로 읽을 수도 있다. 상대적으로 비교할 때, 부활로 말미암아 주어진 것이라는 사실은 고린도후서 13장 4절의 "그는 연약함 가운데 십자가에 못 박히셨으나, 하나님의 능력으로 지금 살고 계십니다"라는 구절에서 확인된다.

의 첫 본보기인 반면에, 오로지 그만이 "생명-주시는 영"life-giving Spirit이시다. 말하자면, 그리스도와의 연합을 토론하면서 일찍이 언급한 것처럼, 그의 부활에서 그리스도는 매우 철저하게 성령으로 말미암아 변형되었고, 성령의 완전하고 최종적인 소유에 이르렀으며, 결과적으로 부활의 생명을 주시고, 종말론적인 생명을 부여하시는 사역에 있어서 하나가 되신 것이다. 교회 내의 성령의 현존과 성령께서 모든 신자들 안에 내주하시는 것은 앞에서 이미 언급했던 로마서 8장 9절에서 11절이 보여주는 것처럼, 부활의 능력과 생명 안에 계신 영광을 입으신 그리스도의 내주하시는 현존인 것이다.

부활에 있어서 그리스도의 수동성에 대한 바울의 일관성 있는 강조가 다른 곳에서 제시되고 있는 혹은 확증하고 있는 예수님께서 죽은 자들로부터 능동적으로 부활하셨다는 예수님 자신의 진술과의 관계에 대한 몇 가지 논평을 하는 것이 순서일 것이다.[45] 신약신학의 전반적인 통일성이라는 문제에서 시선을 떼지 않을 때, 이러한 관점은 서로 충돌하는 것이 아니라 오히려 상보적complementary인 것이다. 그리스도의 한 인격에 두 본성의 신비와 관련하여 451년에 취해진 칼세돈 공의회the Council of

---

45) 특히 요한복음에서 두드러진 것으로, 예를 들어, 2장 19절의 "이 성전을 헐라 내가 삼일 안에 다시 일으킬 것이다"라든가 혹은 10장 17절과 18절의 "나는 내 목숨을 내 놓을 수도 있고, 다시 취할 수도 있다. 누구도 내게서 목숨을 빼앗아 갈 수 없다. 그러나 나는 나 자신의 동의하에 이것을 내려놓을 수도 있다. 나는 이것을 내려놓을 권세도 있고, 이것을 다시 취할 권세도 있다"는 말씀이 그런 범주에 속한다.

Chalcedon의 결정에 기인하는 후기교회의 사고思考는 이 문제와 관련하여 도움이 된다. 이 공의회의 사고 가운데 상호 구별된 그리스도의 본성 각각이 참된 것은 한 분 인격으로서 그리스도가 참된 것과 상응한다는 것이다. 따라서 바울은 신자들과 공유하는 예수님의 아담적 정체성과 그의 참된 인간성이라는 측면에서 부활을 바라보고, 반면에 요한복음에서 예수님은 그가 아들로서 그의 독특한 정체성과의 관계 안에서 아버지와 공유하는 신성deity을 인하여 또한 참된 것을 확증하고 있다는 것이다.

### (5) 결론

바울의 부활신학의 근본적인 구조와 관련한 일련의 반성으로부터 두 가지 생각이 강조되어야 할 것이다. 첫째, 바울이 사태를 파악하고 있는 것처럼, 그들의 존재의 핵심에, 그들이 누구인가에 대한 가장 깊은 성찰에, 달리 말하여, "속사람"에 있어서, 신자들은 그들이 이미 가진 부활보다 결코 더 나은 부활에 이를 수 없을 것이라고 말하는 것은 지나친 것이 아니다. 하나님께서 각 사람 안에서 아직 늦춰지지 않은 부활의 일을 행하신다. 이러한 언어는 단순한 은유만은 아니라는 사실을 강조할 필요가 있다. 바울이 신자들은 이미 그리스도와 더불어 일으킴을 받았다고 말할 때, 우리가 부활이라는 단어를 느슨한 비유적인 방식으로 취급하려는 것이 아니다. 오히려 자극적인 방식으로, 그러나 현재적인 갱신을 표현함에 있어서 엄격하게 문자적인 방법을 택하지 않을 뿐이다.[46] 바울의 인간론에서 볼 때, 속사람의 과거 부활은 실제적으로 그리고 문자적으로 미래의 육체적인 부활로 이해되어야만 한다. 신자는 속사람의 부활에 근거하여 고린도후서 4장 16절이 언급하는 날마다 계속되는 지속적인 갱신의 주체이다. 바울이 빌립보서 1장 6절에서, 교회를 향하여, "너희 안에 착한 일을 시작하신 그 분이 예수 그리스도의 날에 이것을 완성하실 것입니다"라고 확증하는 "그 착한 일"은 바로 부활의 일인 것이다.

둘째, 바울에게서는 그리스도인의 삶에서 이보다 더 중요한 일도 없으며, 또 이것보다 더 근본적인 구조도 없는데, 그리스도인의 삶 전반은 부활이라는 범주 안에 있다는 사실이 바로 그것이다. 강조하자면, 그리스도인의 삶은 부활의 삶인 것이다. 고린도전서 15장 20절의 은유에 비추어 말한다면, 그리스도인의 삶은 그리스도 자신의 부활에서 시작된 부활-추수의 한 부분이다. 그 부활에 있어서 그리스도인의 위치 및 더불어 향유하는 것은 미래에 속한 것일 뿐만 아니라 또한 현재에 속한 것이다. 그리스도인의 삶은 "생명-주시는 영"고전 15:45이 되신 부활하신 그리스도의 능력과 그 부활의 생명의 현시이고 역사인 것이다. 갈라디아서 2장 20절의 "더 이상 내가 사는 것이 아니라, 내 안에 그리스도께서 사시는 것입니다"라는 진술이 자서전적인 것으로 또한 모든 신자들을 대표하는 것으로 읽혀져야만 하는 것은 바로 이런 이유 때문이다.

---

46) 에베소서 2장 5절과 6절 그리고 골로새서 3장 1절과 같은 구절의 언어가 은유적이라는 라이트N. T. Wright의 관점Resurrection, pp. 237-40, 478, 681이 고린도후서 4장 16절의 인간론과 그 의미에 대한 적절한 평가를 반영한다고 보는 것은 나에게는 낯설게 느껴진다.

그리스도인의 삶에 대한 이러한 포괄적인 결론은 분명히 광범위한 의미를 가지며, 보다 더 분명하게 개진되어 몇 가지 구체적인 입장으로 세분화될 수 있을 것이다. 여기서 우리의 포괄적인 관심에 유익이 되는 하나의 경우를 취한다면, 나는 교회를 향한 바울의 권면과 명령에 초점을 맞춘다. 혹은 조금 더 크게 본다면, 우리의 관심은 바울의 윤리적인 측면에 놓일 것이다.

### 2) 직설법과 명령법

바울신학에서 권면과 관련한 요소를 생각하기에 좋은 본문은 골로새서 3장 1절에서 4절이며, 거기에 신자의 부활의 삶이 표현되는 방식이 언급되어 있다. 한편으로 그들의 부활은 이미 성취된 사실로 언급되고 있다: "여러분들은 그리스도와 함께 이미 일으키심을 받았습니다." 다시, 그들의 그리스도와의 연합을 통하여, 부활의 삶이 신자들이 이미 소유하고 즐기는 것으로 언급된다: "여러분들은 죽었으며, 여러분들의 생명은 그리스도와 더불어 하나님 안에 숨겨져 있습니다"3절.

그러나 동시에 이러한 진술들과 뒤섞여진 두 가지 병행 명령이 제시된다. "위엣 것을 찾으십시오"1절와 다시 "위에 속한 것들에 마음을 두십시오"3절라는 권면이 그것이다. 여기서, "위에 속한 것"[47]은 부활하시고 승천하신 그리스도의 생명과 연관된 것을 언급하는 것이다. 그것은 "위는 특별히 그리스도께서 하나님

우편에 앉아 계신 곳"이라는 사실을 언급하는 1절과의 관계에서 볼 때 분명하다. 달리 말하여, 부활 혹은 승천에 속한 삶은 영감의 문제이고, 어떤 의미에서 앞으로 획득되어야 할 어떤 것이다.

이 "위에 속한 것"은 시간을 넘어서는 무無시간적인 것이거나 혹은 이 역사와 상관없는 어떤 것을 의미하지 않는다는 사실이 신중하게 고려되어야 한다. 달리 말하여, "위에 속한 것"은 비역사적이며 형이상학적인 것을 지지하는 이원론적인 것이 아니다. 오히려 구속사적인 측면에서 "위에 속한 것"으로 파악해야 할 것이다. 그가 오실 때까지의 현재는 영광을 입으신 그리스도께서 현존하시는 기간이기 때문에, 하늘은 현재에 속한 것이 된다는 관점을 말하는 것이다. 이 구절들에서, 부활에 속한 생명은 소유이자 목적이며, 은사이자 과제로서 파악되어야 하며, 보다 직접적이고 다소 역설적인 소리로 "구하라, 그리고 여러분이 이미 가진 것에 마음을 두라"는 말로 풀어 쓸 수 있는 것이다.

이 교훈은 다른 방식으로 진술될 수도 있으나 여기서 주목할 만한 것은 이 교훈이 형성하는 "길" 혹은 1절의 문장 구조에 반영된 "방법"에 있다. 이 문장은 조건절과 주절 혹은 결론으로 구성되어 있다. 조건절인, "만일 여러분들이 그리스도와 연합하여

---

47) 헬라어 본문에서 부사인 "위에"로 번역된 $\tau\dot{a}$ $\dot{a}\nu\omega$는 복수형 정관사를 동반하여 명사로 사용되었다.

일으킴을 받았다면"에서 동사는 직설법의 형식으로 표현되었다. 이어지는 주절의 "위에 속한 것을 찾으라"에서 동사는 명령법이다. 따라서 바울이 "조건으로서 직설법과 결과로서 명령법"을 혹은 구체적으로 "만일 여러분이 부활에 속한 생명을 가지고 있다면, 이제 부활에 속한 생명을 추구하십시오"라고 말하고 있는 것이다. 혹은 근접문맥과 원접문맥에서 볼 때, 이 조건이 실현되었다는 확신과 함께,[48] "여러분은 부활 생명을 소유하고 있기 때문에, 부활 생명을 구하십시오"라고 언급하고 있다는 사실을 우리가 거론할 수 있을 것이다. 혹은 문법적인 구조를 반영하여, "여러분이 이미 가진 것을 구하십시오. 여러분이 이미 그것을 가지고 있기 때문입니다"라고 읽을 수도 있다.

현대의 바울연구에서 교훈의 이 패턴이 주된 논의의 대상이 되곤 했으며 "바울에게 있어서 직설법과 명령법의 문제"라고 언급되었다. 이 교훈이 확실히 교회를 도전하는 반면에, 이것이 궁극적으로 문제가 없으며 바울에게서 직설법과 명령법의 패턴 혹은 현상으로 언급하는 것이 아마도 더 나은 것으로 보인다. 골로새서 3장 1절로부터 4절에 걸친 내용에 덧붙여 다음과 같은 구절도 이 패턴에 속하는 것이다.

---

[48] 이런 측면에서, NIV는 "그러므로 여러분들이 그리스도와 함께 일으키심을 받았기 때문에"라고 번역한다.

갈라디아서 5장 25절의 "만일 우리가 성령 안에서 산다면, 성령 안에서 행하십시오"라는 말씀은 "만일 우리가 성령 안에서 살고 있다면, 성령 안에서 사십시오"라는 말씀과 상응한다.

갈라디아서 5장 1절의 "그리스도께서 우리를 자유케 하시고 견고하게 하셨습니다. 그러니 다시는 종의 멍에의 짐을 지지 마십시오"라는 말씀은 "당신은 자유합니다. 그러니 자유하십시오"라는 말씀과 상응한다.

에베소서 5장 8절의 "그러나 이제 여러분은 주 안에서 빛입니다. 빛의 자녀들로서 행하십시오."

고린도전서 5장 7절의 "옛 누룩을 제거하십시오. 여러분들은 누룩 없는 자로서 누룩이 없는 새로운 덩어리가 될 것입니다."

갈라디아서 3장 27절의 "여러분은 그리스도로 옷 입었습니다"는 직설법이고, 로마서 13장 14절의 "주 예수 그리스도로 옷 입으십시오"는 명령법이다.

골로새서 3장 9절에서 10절의 신자들은 "옛 사람을 벗어버리고 새 사람을 입었습니다"는 직설법이고, 에베소서 4장 22절에서 24절의 그들은 "옛 사람을 벗어버리고 새사람을 입어야 합니다"는 명령법이다.

로마서 6장 2절의 "여러분들은 죄에 대하여 죽었습니다"는 직설법이고, 12절의 "죄가 당신의 죽을 몸에서 통치하지 못하게 하십시오"는 명령법이다.

보다 넓은 관점에서 본다면, 성화와 갱신은 한편으로 하나님의 은사이며, 사역이다 고전 1:2; 빌 1:6; 살전 5:23. 그리고 다른 한편으로 신자들의 일이기도 하다 고후 7:1; 바울서신 외에는 히 12:14. 유사하게 갈라디아서 5장 22절의 "성령의 열매"는 로마서 6장 22절의 "여러분의 열매"이다. 성령의 열매 가운데 첫 번째인 사랑은 갈 5:22 또한 첫 계명인 것이다 롬 13:8-9.

이러한 진술을 함께 고려할 때, 교회를 향한 바울의 권면의 전반적인 윤곽, 전체로 본 그의 윤리학은 "여러분 자신이 되십시오"라는 말로 요약될 수 있을 것이다. 만일 이 말을 기독론적인 중심 안으로 끌어안아 이해하지 않는다면, 오해를 불러일으킬 수도 있고, 결과적으로 별 도움이 되지 않는 표현일 수도 있다. 따라서 다음과 같이 이해하는 것이 옳다. "'그리스도 안에 있는' 여러분 자신이 되십시오."

만일 우리가 계속하여 직설법과 명령법 사이의 관계에 대하여 질문한다면, 그리스도인의 삶 전반에 대한 바울의 이해의 심장에 도달하게 될 것이다. 비록 우리가 여기서 이것을 탐구할 수는 없지만, 이것이 그가 얼마나 철저한 언약 신학자인가를 보여준다. 부정적으로 표현하자면, 이 관계를 잘못 구성하는 것은 성화에 대한 그의 교훈의 핵심에 타격을 입히는 것이다. 이 관계에 대한 문제를 제기함에 있어서, 비록 여기서 그 문제에 더 깊이 파고들 수는 없지만, 이 관계를 양극적이거나 혹은 변증법적인 관계에서 파악하지 않고, 적극적이고 긍정적인 면에서 함께 속한다는 가정을 가지고 하려고 한다. 즉 바울의 교훈에서 직설법과 명령법이 함께 등장하는 것은 모순적인 것이 아니다. 딱 부러진 혹은 분명한 모순이 해석적인 전략에 의하여 제거되는지 여부, 즉 하나를 제거하거나 혹은 무의미하게 함으로써 모순을 제거하려는 태도를 지양한다. 달리 말하여, 직설법은 변장한 명령법이거나 혹은 명령법이 숨겨진 직설법이지 않다는 것이다.

또한 직설법 혹은 명령법이라는 용어 그 자체가 추상적인 것이기 때문에, 여기서 우리 스스로 간략하게나마 확인하는 것이 필요하다. 구체적으로 말하여, 직설법은 그리스도 안에서 단번에 완성된 구원으로서, 믿음으로 말미암아 그리스도와 연합함으로써 얻는 것이며; 명령법은 그 핵심에 십계명으로서 하나님의 율법과 관련된 것이다. 명령법은 고린도전서 7장 19절의 "할례나 무할례도 아니고 하나님의 명령 혹은 계명을 지키는 것입니다"라는 말씀의 빛에서 이해될 수 있다. 여기서 말하는 "하나님의 계명"은 "율법은 거룩하고 계명도 거룩하고 의로우며 선한 것입니다"라고 말하는 로마서 7장 12절의 빛에서 볼 때, 그리고 로마서 13장 8절에서부터 10절의 말씀과 에베소서 6장 2절의 말씀의 빛에서 볼 때, 사랑이 중심이 된 십계명+誡命으로 이해하는 것이 바르다. 내가 판단하기로, 고린도전서 7장 19절에 나타나는 "하나님의 명령"이 직접적으로 십계명을 지시하는 것이 아니라, 예수님이나 혹은 바울의 교훈에서 명령법과 관련하여 발견되는 것과 관련된다고 주장하는 것은 설득력이 없다.

두 가지 중요하고 관련된 논점이 직설법과 명령법의 관계에서 지적되어야 한다. 첫째, 이 관계는 순서가 뒤바뀌어서는 안 된다. 직설법이 우선성을 갖는다. 이것이 기초이고 명령법을 가능하게 하는 것이다. 명령법은 직설법의 열매이며, 그 반대의 경우는 불가능하다. 복음으로서 바울의 복음은 이 관계의 불가역성不可逆性에 따라서 존폐가 결정된다고까지 말할 필요가 있다. 이것을 부정적인 언어로 말한다면, 직설법이 명령법에 의해서 형성되는 것처럼, 혹은 불트만이 그랬던 것처럼 명령법에 의해서 먼저 현실화된 가능성을 표현하는 것처럼 말해서는 안 된다. 오히려, 직설법이 명령법을 성취하도록 자극과 유익을 제공한다.

바울은 최소한 암시적으로나마 직설법적인 관점에서 먼저 기록하지 않고서는 명령법을 기록하지 않는다는 사실을 우리가 관찰할 수 있을 것이다. 그것은 바울이 그를 뒤이어 나타나는 어떤 설교자보다도 분명하게 회중들이 그리스도로부터 떠나고, 그리스도 안에서 그들이 누구이며, 그 안에서 가진 것이 무엇인지를 망각하는 때가 올 것을 인식하였기 때문이다. 달리 말하여, "죽은 말을 때리는 것은 아무런 소용이 없다"는 격언이 암시하는 상황을 미연에 방지하고자 했기 때문이다.

그러나 뒤바꿔서는 안 되는 이 관계는 또한 분리해서도 안 되는 관계이다. 바울은 명령법을 고려하지 않고서는 결코 직설법에 대하여 쓰지 않는다는 사실을 일반적으로 우리가 관찰할 수 있을 것이다. 균형을 유지하기 위해서 직설법 없는 명령법은, 명령법을 자신의 구원을 성취하거나 혹은 안전하게 하는 것으로 사용함으로써, 구원론적인 율법주의에 빠지게 된다. 이 경우, 바울은 도덕주의자가 된다. 다른 한편으로, 명령법 없는 직설법은 반反율법주의로 빠지게 된다. 이 경우, 바울은 신비주의자가 되는 것이다.

여기서 핵심은 직설법이 그 자체로 존재하는 실재를 묘사하지 않는다는 것이다. 직설법에 대하여 명령법의 마음이 혹은 이에 대한 긍정적인 반응이 시간적으로 그리고 아마도 구별된 어떤 부가적인 것으로 뒤따를 것이다. 오히려, 직설법과 명령법은 함께 주어지고, 명령법에 대한 순종은 그것으로부터 떨어져서는 직설법이 존재하지 못하는 결과이며 승인인 것이다. 바울의 권면 혹은 명령법은 새로운 순종의 삶이 그리스도와 연합된 것과 믿음으로 말미암아 칭의되는 것에서 자동적으로 결과하지 않는다는 사실에 대한 분명한 지적이다.

명령법은 비판적이고 차별화하는 기능을 갖는다. 직설법이 현재하고 혹은 실재하는 곳에는 명령법에 대한 관심이 불완전하거나 최소한이거나 혹은 부적절하더라도 반드시 표현되어야 할 실재이다. 리데르보스Ridderbos는 논의하고 있는 이 문제를, 필수적인 균형을 강조하면서, 적절하게 제시한다. 바울에게서 직설법 못지않게 명령법이 "신앙"과 연관되어 있다. 직설법과 명령법 모두가 그리스도 안에 있는 바로 그 신앙에서 비롯된다. 양자는 그 신앙 안에서 하나이며, 분리될 수 없다. 한편으로, 수용성에 있어서 신앙은 직설법에 답변하고, 다른 한편으로, 행동에 있어서 신앙은 명령법에 응답한다는 것이다.[49]

아마도 직설법–명령법 관계에 대한 가장 깊은 통찰은 빌립보서 2장 12절에서 13절의 "그러므로 나의 사랑하는 친구들이여, 여러분들이 나 있을 때 순종했던 것처럼, 더욱이 지금 나 없을 때에라도 더욱 순종하여 두려움과 떨림으로 여러분의 구원을 이루십시오"라는 말씀에 반영되어 있다. 여기서는 이 구절에 전반적으로 반영되어 있는 명령법이 먼저 등장한다: "여러분 교인들이여, 두려움과 떨림으로 여러분의 구원을 계속하여 이루어내십시오." 그런 후에, 동일하게 이 구절에 전체적으로 반영되어 있는 직설법이 뒤따라온다: "하나님께서 여러분 안에서 그분을 기쁘시게 할 일을 하도록 일하십니다."

여기서 주목할 만한 것은 바울이 이 둘을 결합시키는 "방식"이다. 부정적으로 그는 하나님의 사역이라는 직설법이 우리의

---

49) Ridderbos, Paul, p. 256. 나는 직설법과 명령법 그리고 그들의 관계에 대한 중요한 문헌을 여기에 소개하지 않을 정도로 게으르다. 사실 나는 이 토론과 관련한 가장 유용한 내용을 이 책에서 발견하였다(pp. 253-58). 이 책이 여기서 전개하는 나의 논의에 본질적인 영향을 미쳤다.

행위와 나란히 함께 간다parallels는 사실을 말하지 않는다. 또한 그는 하나님의 행동이 우리의 행동을 보충하거나 혹은 우리의 행동이 하나님의 행동을 보완한다고 말하지도 않는다. 마치 하나님께서 우리의 의사에도 불구하고 일하시는 것처럼 혹은 우리의 행동의 결함을 보상하는 것처럼 어떤 긴장을 언급하려는 것도 아니다. 오히려, 하나님께서 일하시기 때문에 γάρ 우리가 일하는 것이다.

여기서 우리가 이런 경우를 "협력적"synergy이라고 부르는 것이 공정할 것이라고 할 수 있을지도 모르겠으나, 각각이 공정하게 공헌함으로써 협력한다는 의미에서 하나님-인간 동반자적인 의미를 말하는 것은 아니다. 50%-50%를 취하는 것도 아니며, 심지어 하나님 90%-인간 10%의 형태도 아니다. 적절히 표현할 수 있다면, 여기서 언급하려는 것은 하나님의 언약, 곧 그리스도 안에서 회복된 창조주와 그의 형상을 담지한 피조물 사이의 관계의 "신비로운 수학", 즉 100%+100%=100%라는 형태를 언급하고 있는 것이다. 성화는 100% 하나님의 일이고, 바로 그런 이유로 신자의 행위 100%가 관여된다.

직설법과 명령법에 대한 이러한 생각은 바울의 구원의 서정이라는 보다 큰 현재-미래의 종말론적인 구조에로 통합될 수 있을 것이다. 이것이 로마서 6장 12절과 13절로부터 한 핵심적인 아이디어를 취함으로써 이루어질 수 있다. "그러므로 죄가 여러분의 죽을 몸을 다스리지 못하게 하여 죽을 육체의 욕심에 종노릇 하지 마십시오. 그리고 여러분의 지체를 불의의 도구로서 죄에게 드리지 말고, 죽은 자로부터 산 자로서 여러분 자신을 하나님께 드리십시오. 여러분의 지체를 의의 도구로서 하나님께서 드리십시오."

바울은 로마서 6장에서 이점과 관련하여 제기했던 주장의 중요한 내용들을 여기서 한 곳에 모으고, 동시에 그의 논증을 강화하고 있다. 표층구조의 허용할 만한 변화를 고려하면서 이 부분을 읽으면, "만일 여러분들이 죽은 자들로부터 살아났다면, 죽을 몸으로 불의를 위하여 드리지 말고, 의를 위하여 드리십시오"라는 의미가 될 것이다. 이러한 구절은 골로새서 3장 1절과 유사하며, 직설법-명령법 구조를 고려할 때 다른 곳에서도 그런 예를 찾을 수 있을 것이다.

특히, 이러한 구절들 가운데 두 문구만을 드러낸다면, 13절의 "죽은 자들로부터 살아"와, 12절의 "죽을 몸에서"라는 부분이 될 것이다. 이 둘을 상호 관련시키는 것은 바울이 그리스도인의 삶 전반을 어떻게 보고 있는가 하는 것을 밝히는데 도움이 된다. 사실상, 신자들의 현실존의 구조와 진정한 "변증법적"인 중심을 드러내는데 "죽은 자들로부터 살아…… 죽을 몸에서"를 상호 관련시키는 것보다 더 좋은 방법이 없다. 내가 보기에, 바울에게서 신자의 실존에 대하여 보다 더 좋은 관점을 제공하는 것은 아무 것도 없다.

어떻게 이 구조가 바울의 다른 구절의 빛에서 대안적으로 제시될 수 있는지를 살피는 것도 유익하다. 물론 그것들 가운데 얼마는 우리가 이미 언급하였다. 신자들은 올 세대에 속한 새-창조의 생명으로 살고 있으며, 또한 그들은 "현재의 악한 세대"에서 계속하여 살고 있다 갈 1:4; 6:14-15. 또한 그들은 "육체를 따라 행하는 자들이 아니라, 육체 안에서 영을 따라 행하는 자들"이다 롬 8:4; 고후 10:3. 뿐만 아니라, 그들은 "질그릇에 보배"를 가진 자들이며 고후 4:7, "눈에 보이는 것으로 행하지 않고 믿음으로 행하는" 자들이다 고후 5:7.

마지막으로, 이 구조의 빛에서 직설법-명령법 패턴을 하나를 다른 하나에 강요하면서 읽을 경우, 다음과 같은 전반적인 구조가 뒤따르게 된다. "죽은 자들로부터 살아"는 종말론적 구원의 현재적 직설법, 즉 그리스도 안에서 이미 소유한 것으로서 구원을 지시하고, 명령법으로서 순종을 위한 기초와 역동적인 힘을 명료하게 만든다. 이것이 회중이 믿음으로 자신에 대하여 알아야 할 첫 번째 국면이다. 다른 한편으로, "이 죽을 몸에서"는 이 구원의 "미래"-직설법, 즉 그리스도 안에서 아직 계시되지 않은 따라서 소유하지 못한 구원을 지시하며, 명령법을 위한 "필요"와 그 회중이 권고 받아야 할 "범위"와 필연성을 분명하게 한다.

### 3) 역사적이고 신학적인 반성들

종교개혁 전통은 이미, 바울이 가르치는 것처럼, 시간적으로는 죽음에서 그리고 역사적으로는 그리스도의 재림에서 완성될 우리의 성화의 종말론적인 "아직 아니"를 분명하게 파악하였다. 그의 재림 때에 몸의 부활을 통하여 그리스도의 형상에로 완전하게 일치하게 될 일이 여전히 미래에 속한다는 사실을 분명하게 파악하였다. 때때로 값싼 완전주의나 손쉬운 승리주의적인 입장으로 빠지기도 했지만, 다소 일관성 있게 진리를 유지하였다.

그러나 우리는 과연 종교개혁이 "부활"처럼 분명하게 우리의 성화의 종말론적인 "이미"를 분명하게 파악했는지 물어야 할 것이다. 예를 들어, 우리의 전통 가운데서 설교와 가르침을 생각할 때, 얼마나 많은 그리스도인들이 그들 안에서 역사하시는 성령께서 부활의 능력과 방불한 것인지를, 그리고 그를 통하여 하나님께서 "여러분의 죽을 육신에 생명을 주시는" 성령께서 "여러분 안에 거하시는 그분의 영이라"롬 8:11는 사실을 이해하고 있었는가? 하는 것이다. 얼마나 많은 신자들이 그들 안에 내주하시는 성령께서 종말론적인 능력이라는 사실을 이해하고 있었는가? 바울이 사용하는 은유의 빛에서 보자면, 교회 안에서 행동하시는 성령께서 우리의 종말론적인 유산의 현실적인 "보증금"이시며고후 1:22; 5:5; 엡 1:14, 그의 종말론적인 사역의 온전한 "추수"의 첫 열매롬 8:23라는 사실을 얼마나 이해했는가? "생명-주시는 영"고전 15:45이신 그리스도 자신이 그의 부활의 능력 안에서 우리의 삶속에 현존하시며 일하시는지를 과연 얼마나 생각하였는가?

예를 들어, 하이델베르크 요리문답 114문의 답에서처럼, 우리는 "이 생에서 이 순종의 단지 한 작은 '시작'만을 할 뿐입니다"라는 사실을 고백해야 한다. 그러나 사도의 높은 이해의 빛에서 볼 때, 이 "시작"의 핵심에 종말론이 있으며, "우리 안에서 시작된 착한 일"이 그리스도의 재림에서 완성되며빌 1:6, 또 그 근거가 다름 아닌 부활이라는 사실을 심사숙고 하고 있는가?

성화라는 문제와 관련하여, 우리는 적어도 실천적인 경향에 직면할 필요가 있다. 내 인상으로는 종교개혁 교회 내에 편만했던 것이 복음과 그 결과로서 구원을 거의 배타적으로 칭의라는 빛에서 파악하려 한다는 것이다. 예를 들어, 앞장에서 우리가 인용했던 강연회 발표자의 진술을 회상해 보라. 복음의 효과는 다만 그리스도께서 "우리를 대신하여" 무엇을 행하셨는가에 있으며, 분명히 성령을 통하여 "우리 안에서" 일어나는 행위를 포함시키지 않는다.

이것이 의도적인 것이든 아니든 간에 이런 윤곽의 결과는 성화가 칭의에 의하여 규정됨으로써, 성화는 구원에 대한 신자의 반응으로 이해되는 경향에 이른다. 이 때 성화는 우리의 칭의와 우리의 죄의 용서에 대하여 우리 편에서 표현하는 감사로서 파악되며, 통상적으로 그런 감사의 표현이 불완전하며 적절치 못하다는 사실을 강조하곤 한다. 심지어 성화가 높은 수준에서 요구되는 것이기는 하되 부족한 것이고, 잘 이루어지지 않는 것으로서, 성화가 신자의 삶에 실제로 꼭 필요하지 않으며, 우리의 구원에 진정으로 통합된 것도 아니며, 죄로부터 구원을 받았다는 사실의 본질적인 부분이 아닌 것처럼 제안하는 경우도 있다. 이러한 태도, 실제로 우리가 이따금씩 대면하게 되는 이러한 방식은 다음과 같은 경우가 될 것이다. "만일 예수님께서 당신을 대신하여 행하셨다면, 달리 말하여, 여러분의 죄가 용서되도록 하기 위하여 죽으셨다면, 여러분들이 그분을 위하여, 그분을 기쁘시게 하기 위하여 이 정도는 해야 되는 것 아닙니까?"

이러한 구조에서 칭의와 성화는 분리되고 전자는 하나님께서 행하신 것이며, 후자는 우리가 행한 것이 되어서 매우 부적절하게 된다. 최악의 경우, 이런 윤곽은 죽어 자빠진 도덕주의에 이르게 된다. 결과적으로 일어나는 일은 칭의하는 신앙과 분리된 혹은 긴장을 일으키는 세련된 행위의 원리의 재도입이다. 자기를 확증하는 행위, 자기를 안전하게 하고 자기를 확증하려는 노력이 칭의에 이르는 정문에서 확고하게 제지되고, 성화라는 뒷문을 통하여 슬그머니 기어들어오는 형국이 될 것이다. 하나님께서 그들을 믿음으로 말미암아 그리스도와 연합하게 함으로써 자신과의 교제와 봉사에로 불러내신 자들 안에서 통합되도록 의도하신 "신앙"과 "행위"가 분리되고, 기껏해야 불편한 긴장 아래 있게 되어 그리스도인의 삶을 마비시키고, 자유롭게 헌신된 순종을 방해하는 그런 긴장을 조성하게 된다.

나는 여기서 이런 특징적인 예를 드러내는 사람을 가지고 있지 않다. 독자들이 내 생각의 정확성 여부를 판단할 것이며, 그들의 경험과 그들이 가진 인상들과 정확히 일치하는지 여부는 독자들 자신의 몫이다. 내가 희망하는 것은 이런 언급이 오해되지 않기를 바라는 것이다. 확실히 우리의 감사는 중요하다. 우리의 죄 용서에 대하여 감사하는 것밖에 우리가 무엇을 할 수 있겠는가? 그것이 분명하든 그렇지 않든 간에 감사라는 이 생각은 바울서신 전반에 나타나며, 명백한 사실이다 갈 2:20; 딤전 1:12-16. 또한 신자로서 우리의 모든 노력이 기껏해야 불완전하고 우리의 지속적인 죄로 인하여 결함투성이인 것도 의심의 여지없이 사실이다. 그러나 바울은 조금 다른 소리를 낸다. 성화와 그리스도인들의 선행에 대하여 훨씬 더 철저하게 언급한다. 무엇보다도 궁극적인 것으로서 성화는 우리가 행하는 것과 관련된 문제가 아니라, 하나님께서 행하시는 것과 관련된 문제이다. 종교개혁 전통에서 바르게 이해한 것처럼, 우리의 칭의 못지않게 성화도 하나님의 은혜에 속한 것이다.[50]

더 나아가서, 바울에게서 성화는 우리의 행동과 관련하여 우리가 참여하는 과정일 뿐만 아니라 또한 무엇보다도 우리의 행위를 가능하게 하는 하나님 편에서의 단회적인 행동으로서 결정적이고 확정적인 것, 곧 "결정적인 성화"이다.[51] 예를 들어, 로

---

50) 성인들을 위한 웨스트민스터 신앙교육서-대요리문답 75문과 청소년들을 위한 신앙고육서-소요리문답 35문을 보라.

마서 6장과 7장이 중심이 된 이 요점은 죄가 신자들에게 현실적인 것이기는 하지만, 죄가 그리스도인의 주인은 아니라는 것이다. 그리스도의 죽으심과 부활과 연합하였기 때문에 더 이상 내가 죄의 노예가 아니라는 것이다. 죄가 내주하지만 좌지우지하지는 못한다. 신자에게 있어서 내주하는 죄는 노예삼는 죄가 아닌 것이다.

사실상, 우리가 이미 살펴본 것처럼, 성화는 신자들이 이미 경험한 부활의 능력의 측면이고 결과이며, 성화의 지속적이고 점진적인 실현은 "죽은 자들로부터 살아난" 자들이 갖는 지속적인 "하나님을 향한 삶"이라는 측면보다 더 깊은 측면을 갖지 않는다. 그리고 확실히 이 삶은 "죽을 몸 안에서" 일어난다롬 6:11-13. 혹은 바울이 에베소서 2장 10절에서 표현하는 것처럼, "선한 일", 곧 성화에 대한 가장 결정적인 성경적인 선언은 "행위가 아닌 믿음으로 말미암아 은혜로 구원받은" 사람들처럼, "예수 그리스도 안에서 선한 일을 위하여 지음 받은" 사람들과 관련된 문제라는 사실이다. 하나님께서 우리로 하여금 선한 일을 행하며 살아가도록 이미 준비해놓으셨다.

---

51) 성화에 대한 신약 교훈의 이런 측면은 특히 바울에게서, 내가 여기서 제시할 수 있는 것보다 훨씬 더 당연한 것으로 입증된다. "결정적인 성화"라는 표현은 존 머레이J. Murray에게서 시작된 것이다. 그의 중요한 논의를 위해서는 J. Murray (ed.), Collected Writings of John Murray Vol. 2 (2 Vols.; Edinburgh" Banners of Truth, 1997), pp. 277-93을 보라; 또한 그가 쓴 Principles of Conduct: Aspects of Biblical Ethics (Grand Rapids, Eerdmans, 1957), pp. 202-28 ("The Dynamic of the Biblical Ethics)를 보라.

여기서 쟁점은 바울이 "선한 일에 이르는 길이 인간으로부터 하나님께로 움직이는 것이 아니라, 하나님으로부터 인간에게로 움직인다"고 말한다는 사실이다.[52] 궁극적으로, 가장 깊은 의미에서, 바울에게 있어서 "우리의 선한 일"은 우리에게 속한 것이 아니라, 하나님의 것이라는 사실이다. 선한 일은 이미 시작된 하나님의 일이며, 우리 안에 계속되고 있는 하나님의 일이기도 하다. "우리 안에서 일하고 계시는" 하나님의 존재는 "하나님을 기쁘시게 하는 것을 생각하게 하고 행하도록 한다"빌 2:13. 어떤 긴장도 필요 없이, 왜 구세주이신 하나님 안에서 안식하는 신앙이 그의 뜻을 행하기 위해서 쉬지 않는 신앙인가 하는 이유가 바로 이것이다.

고린도전서 4장 7절에서, 바울은 교회를 향하여 다음과 같은 수사적인 질문을 던진다. "누가 여러분들을 다른 사람들로부터 구별되게 만들었습니까? 여러분들이 가진 것 가운데 받지 않은 것이 무엇입니까? 만일 여러분들이 이것을 받았다면, 왜 여러분들은 마치 받지 않은 것처럼 자랑하십니까?" 확신하건대 이런 질문은 칭의에서처럼 성화에서도, 혹은 우리의 신앙에 있어서처럼 우리의 선행에서도 동일한 대답을 갖게 될 것이다. 신앙과 선행은 하나님의 은사이고, 우리 안에서 일하시는 하나님의 일인 것이다. 우리의 성화, 즉 거룩한 삶과 선행을 위한 가장 깊은 동기

---

52) G. C. Berkouwer, Faith and Sanctification (trans. J. Vriend; Grand Rapids: Eerdmans, 1952), p. 191.

는 우리의 심리학이나, 혹은 내가 하나님과 예수님에 대하여 어떻게 "느끼는가"하는 것이 아니다. 심지어 우리의 신앙과 관계된 것도 아니다. 오히려, 가장 깊은 동기는 그리스도의 부활의 능력이며, 그의 성령으로 말미암아 우리가 그리스도 안에서 한 부분이 됨으로써 새로운 창조물이 되었다는 바로 그 사실에 있다.

제4장

# 구원의 서정과 종말론 II

## 1. 종말론과 칭의

앞장에서 성화와 인격적인 갱신에 대한 우리의 연구로부터, 우리는 다시 바울에게 있어서 구원의 법정적인 혹은 법적인 측면에로 돌아간다. 특히 칭의에 대한 바울의 교훈에 주목하게 될 것이다. 어떻게 우리가 고린도후서 4장 16절에 표현되어 있는 그리스도와의 연합의 근본적인 "이미, 아직-아니"라는 인간론적인 구조의 빛에서 칭의를 볼 수 있는가? 하는 질문을 마음에 품고 이 작업을 진행할 것이다.


## 2. 우선적인 생각들

우리는 모든 중요한 역사적인 고찰로부터 이 작업을 시작한다. 언급했던 것처럼, 종교개혁은 그리스도인의 갱신의 부활과 관련한 차원과 정확히 일치하는 성화의 종말론적인 "이미"를 그렇게 분명하게 파악하지 못했다. 아주 대조적으로, 칭의의 종말론적인 "이미"는 발견하였다. 이런 이해는 아마도 암시적이며, 결정적이고 분명한 결과를 가지지만, 종종 이것이 타협되었거나 혹은 적절하게 이해되지 못했다. 사실상, 이 발견이 종교개혁에 있어서 아마도 구원론적인 면에서 가장 중요한 것이라는 사실을 말하는 것이 과장된 것은 아닐 것이다. 확실히 어떤 것도 이보다 더 중요한 것은 없다.

예를 들어, 로마서 8장 1절과 같은 구절의 "그러므로 그리스도 예수 안에 있는 자들에게는 결코 정죄함이 없느니라"는 말씀에서 루터와 다른 사람들은, 만일 분명하지 않은 것이라면, 본능적으로 혹은 암시적으로 종말론적인 선언을 들었던 것이다. 그들은 "지금"*νῦν*이라는 단어가 종말론적인 힘을 가진다는 사실을 이해했으며, 그것은 종말론적인 실현의 "지금"이다.

중세 후기 로마교회는 최후의 심판 때에 있을 미래적 판결에서 그리스도인의 삶의 항구적인 불안과 불확실성이라는 결과를 남겨두었다. 대조적으로 종교개혁은 사실상, 역사의 마지막에 있을 판결이 역사 속에서 이미 제기되었으며, 이미 신자들에게 선고되었다는 사실을 이해하였다. 그 결과로서 그리스도인의 삶을 위한 확실하고 견고한 기초를 놓았으며, 최후의 심판에 직면하여 흔들리지 않는 확신을 형성하였다.

그러면 이제, 칭의와 우리의 구원의 "아직 아니"는 무엇인가? 바울에 따르면, 우리가 우리의 칭의를 여전히 미래적인 어떤 것으로 생각해야만 하는 것인가? 다른 말로, 우리가 칭의에 대한 바울의 교훈을 구원에 대한 그의 "이미, 아직-아니"의 구조와 고린도후서 4장 16절에서 발견할 수 있는 "속사람"-"겉사람"이라는 인간론적인 얼개를 통하여 보아야만 하는 것인가?

적어도 우선적인 반응으로서 우리의 대답은 부정적이며, 그런 경향에 대하여 강조적인 "아니오"로 답변해야 할 것이다. 이런 반응에 대한 이유는 이해할 만하고 또한 충분히 고려되어야만 한다. "아직-아니"라는 의미에서 칭의를 말하는 것은 결정적인 의미로서 "이미"의 측면을 치워버리는 것으로 나타난다. 칭의를 여전히 미래적인 어떤 것으로 보는 것은 현재의 절대적 최종성을 위협하며, 그리스도인의 삶에서 이미 확정된 확실성을 평가절하 하는 것이다. 이미 확정된 확실성을 의문에 처하게 하는 것이 허용된다면 이것은 확실히 바울을 배신하는 것이며 잘못 제시하는 것이 된다는 사실을 말해야 한다. 따라서 바울에게 이 문제는 더도 덜도 아닌 그런 경우가 되는 것은, 육체의 부활은 여전히 미래이고, 신자의 이미 확정된 확실성은 그리스도와 함께 부활함으로써 얻은 것이기 때문이다. 사실상, 이제 우리가 제시하게 되겠지만, 이 관찰은 칭의와 특별한 내적 연관성을 갖는 것이다.

시작부터 바울에게서 여전히 미래에 속한 신자들의 칭의에 대한 명백한 언급은 전부 제시하더라도 얼마 되지 않는다는 사실을 언급해야 할 것이다. 통상적으로 인용되는 구절들은 로마서 2장 13절과 갈라디아서 5장 5절과 디모데후서 4장 8절이고, 이 모든 구절들은 논쟁적인 것이다. 나 자신의 관점은, 적어도 이 구절들 가운데 얼마는 그리고 아마도 다른 것들은 신자들을 위한 실제적인 미래 칭의를 혹은 그들의 칭의의 미래적인 측면을 언급하는 것으로 읽을 수 있을 것이라는데 있다. 그러나 나는 여기서 로마서 2장 13절이 최근에 받고 있는 집중적인 주목과 더불어 마땅히 견지해야 하는 상세한 주석적인 논의에 참여할 수는 없다. 따라서 여기서는 이것이 보여주는 방향을 취함으로써 우리의 토론이 부분적이며, 때때로 다소간 예비적인 성격을 가진 것이 된다는 사실을 미리 언급할 필요가 있을 것이다. 조금 더 신중하게 논의되어야 하며, 곳곳에서 다시 파악하고 교정되어야 할 필요가 있다는 사실을 인정하면서 이 논의를 전개하려고 한다.

사실상, 이어지는 논의에서 하려고 하는 것처럼, 그리스도인의 칭의에 대한 미래적인 측면 혹은 달리 표현하면, 칭의에 집중되는 구원의 법정적인 측면의 결정적인 미래적 차원이 이런 구절들에만 의존하는 것은 아니며 혹은 이 구절들이 일차적인 본문이라는 것도 아니라는 사실을 보여주는 데 우리의 관심이 있으며, 이런 관심을 파악하기 위해서 앞선 문단에서 언급했던 구절들을 일괄하여 다룰 만한 가치가 있는 것이다. 이와 관련하여, 나는 네 가지 요소를 여기서 밝히려고 한다: ① 바울의 구원론과 종말론에서부터 나오는 가정적인 생각, ② 육체적인 죽음을 포함하여 죽음과 부활이 그에게 갖는 법정적인 의미, ③ 양자에 대한 그의 교훈, ④ 최후의 심판에 대한 그의 교훈이 그것이다.

## 1) 웨스트민스터 표준문서의 관점

이 네 가지 요소를 생각하기에 앞서서, 우리의 논의에 웨스트민스터 표준문서에서 발견되는 종교개혁 정통의 고백적인 관점을 적용하는 것이 유익할 것이다. 성인을 위한 웨스트민스터 신앙교육서 90문은 다음과 같이 질문한다. "심판의 날에 의인들에게 무슨 일이 일어날까요?" 유사한 맥락에서, 청소년을 위한 웨스트민스터 신앙교육서 38문도 "부활 때에 그리스도로부터 신자들이 얻는 유익이 무엇인가요?"라고 질문한다. 이 두 예例에서, 답변은 심판의 날에 의로운 신자들은 "공개적으로 인정되고 사면될 것입니다"라는 확신을 포함하고 있다.[53]

두 신앙교육서에서 분명한 점은 그리스도인들이 최후 심판에 참여한다는 사실이다. 분명한 사실을 장황하게 하는 일이기는 하지만, 그들에게 있어서 이것은 법정적이거나 혹은 법적인 의미를 가지는 것이지만, 확실한 것은 심판과 관련된다는 사실이다. 그리스도인들도 사실상 최후의 심판에서 심판받을 것이다. 특히 그들에게 주어질 결과를 생각할 때, 혹은 선고될 판결은 그들의 무죄방면이 될 것이라는 사실을 언급해야 할 것이다. 그들은 "공개적으로 무죄방면될 것이다." 달리 말하여, 생각할 수 있는 반대의 경우를 고려할 때, 그들에게 죄 없음이 선언되고, 그

---

[53] 인용된 본문을 지원하는 구절은 성인을 위한 신앙교육서의 경우, 마태복음 25장 33절과 10장 32절을 들고 있으며, 청소년을 위한 신앙교육서는 마태복음 25장 23절과 10장 32절을 언급하고 있다.

일은 공개적으로 일어날 것이다. 청소년을 위한 신앙교육서에서 이 무죄방면이 그리스도로부터 받는 "은덕들"에 속한다는 사실을 간과하지 말아야 할 것이다. 또한 우리가 앞으로 상세하게 논의할 내용으로서 "공개된" 혹은 공공의public라는 측면이 중요하게 부각될 것이다.

"무죄방면"되는 것과 "의롭게 되는 것"은 대부분의 경우 교호적交互的인 것이다. 성경적으로 생각할 때, 이 둘은 동의어는 아니지만, 의미가 겹치는 부분이 있다. 무죄방면이 칭의의 심장에 해당하기 때문이다. 그래서 신앙교육서들은 사실상 신자들에게 있어서 그들이 무죄방면되는 것과 관련된 최후의 심판은 칭의하는 의미를 갖는다고 가르친다. 어떤 의미로 이것이 그들의 칭의,

---

54) 나는 아마도 종교개혁 정통에 대한 이런 결론적인 진술의 범위를 좁혀야만 하겠다. 이는 내가 광범위한 연구를 하지 않은 연고로 루터교회의 신앙고백과 신학에서도 유사한 진술이 있는지 잘 모르기 때문이다. 어떤 미래적인 의미와 함께 칭의를 언급하는 개혁교회 저술가들과 관련해서는 R. Dabney, Systematic Theology (Edinburgh: Banners of Truth, 1971), p. 645; J. Fisher, The Assembly's Shorter Catechism Explained, by Way of Question and Answer (Glasgow: William Smith, 1779/1753), pp. 251-52; J. Flavel, An Exposition of the Assembly's Shorter Catechism, in The Whole Works of the Reverend Mr. John Flavel (Edinburgh: Andrew Anderson, 1701), 832; J. Owen, The Doctrine of Justification By Faith (The Works of John Owen, Vol. 5; Edinburgh: Banner of Truth, 1965/1677), pp. 159-60; F. Turretin, Institutes of Elenctic Theology (trans. G. M. Giger; Phillipsburg, NJ: P&R, 1994/1679), 2:685[16:9:11-12]; H. Witsius, The Economy of the Covenants Between God and Man (Eng. trans.; Phillipsburg, NJ: Presbyterian and Reformed, 1990/1677), 1:418-24[Book 3, ch.8, para. 63-77]과 같은 책들을 살펴보기 바란다. 이러한 자료가 있다는 사실을 일깨워준 Robert Tarullo와 Peter Wallace에게 감사를 표한다.

즉 의롭다고 선언되는 것을 의미한다. 그러므로 우리는 어떤 의미에서 미래 혹은 미래적인 측면으로서 신자들의 칭의 개념이 종교개혁 정통에서 고백적인 근거를 갖는다는 사실을 명백한 함의와 함께 결론지어야 한다. 그 인식은 현대의 바울에 대한 역사-비평적인 연구에서 비롯된 것이 아니다. 이것은 바울에 대한 새 관점과 연관된 최근의 발견도 아니다. 이것은 종교개혁의 유산과 낯선 혹은 갈등을 일으키는 것이 아니라, 그 유산과 함께 주어진 것이다.[54]

## 2) 미래로서의 칭의

### (1) 예비적인 고려

그렇다면, 바울은 어떤 생각을 가지고 있는가? 이런 신앙고백적인 입장이 바울신학과는 어떻게 조화될 수 있는가? 그의 신학의 구조 혹은 좀 더 좁혀서 우리가 이미 논의했던 그의 구원론의 근본 패턴과 이 질문을 연결하여 논의를 시작하는 것이 좋겠다. 부정적인 측면에서 언급하자면, 다음과 같은 칭의는 바울과 상관없는 것이다. ① 영광을 입으신 그리스도와 믿음으로 연합하는 것과 상관없는 칭의, 즉 그 연합으로 말미암아 주어진 은덕이 아닌 칭의, ② 고린도후서 4장 16절의 "속사람"-"겉사람" 인간론의 구조를 반영하지 않는 칭의, ③ 그 연합에서 비롯되는 구원의 "이미, 아직-아니"의 패턴 밖에 있는 칭의가 그것이다. 달리 말하여, 그리스도의 재림 때, 우리가 앞으로 보게 될 몸의 부활과 최후의 심판 때에 있을 그리스도인들의 미래 칭의는 바울의 교훈과 완전히 일치하는 "유익하고 필연적인 결과"이다. 만일 내 판단으로 극복할 수 없는 것이라면, 그 반대를 논쟁하는 것은 본질상 어려움에 직면하게 될 것이다. 구원 받음의 이미와 아직 아니의 구조를 칭의와 분리하는 것, 특히 구원의 "아직 아니"의 측면과 칭의를 분리하는 것이 어떻게 그리스도와의 연합이 중심이 된 그리고 고린도후서 4장 16절에 반영된 "속사람"-"겉사람"의 인간론과 관련된 바울의 구원론과 양립하거나 혹은 일관되는가 하는 사실을 보여주어야만 한다.

나는 이런 관찰이 적어도 우리의 논의의 이 부분에서 모든 사람을 설득하지 못할 수도 있다는 사실을 인정한다. 그러나 바울 서신이 독자들에게 신학적인 사고구조를 제공하며 그 신학의 전반적인 차원들과 씨름할 필요가 있다는 사실을 인정하는 사람들에게 무게를 두고 작업을 하려고 한다. 그것으로부터 파생되는 경향이 무엇이든지간에 바울의 칭의에 대한 교훈은 그의 구원론의 이미와 아직 아니의 패턴 내에 있으며, 그것을 반영한다고 우리는 예상한다. 그러나 우리는 이 가정만으로 끝낼 수는 없다.

### (2) 죽으심과 부활

이전의 몇 장에서 우리가 보았던 것처럼, 그의 부활에 있어서 그리스도와의 연합, 즉 믿음으로 부활하신 그리스도와 연합하는 것은 성화와 그리스도인의 갱신에 대한 바울의 교훈을 포괄적으로 근거 짓는다. 그러나 부활하신 그리스도와의 연합은 갱신을 가져오는 것만은 아니다. 또한 그 연합은 그리스도 자신의 부활이 그런 것처럼 법적이고 법정적인 의미를 갖는다.

그리스도의 부활의 법적인 중요성은 로마서 4장 25절의 "그는 우리의 범죄를 위하여 내어줌이 되었으며, 우리의 칭의를 위하여 부활하셨습니다"라는 말씀에서 분명하게 드러난다. 여기서 부활과 칭의 사이에 직접적인 연결이 상정된다. 바울의 교훈의 직간접적인 맥락에서 볼 때, 그 관계는 다음과 같이 이해하는 것이 최선일 것이다. 대표적인 죄 담지자로서 그리고 의로운 대리자롬 3:25; 8:3; 고후 5:21로서 그의 죽음에서 정점에 도달한 온전한 순종빌 2:8에서, 그리고 그 순종에 근거하여 하나님께서 그리스도를 의롭다고전 1:30고 선언하시는 "사실상"의 선언적 승인이 부활이라는 의미에서, 그리스도의 부활은 그 자신을 칭의하는 것이다. 사건으로서 그의 부활은 법적인 방식으로 "말한다"고 해야 할 것이다. 따라서 그리스도인들에게 있어서 부활과 함께 주어진 그리스도의 의는 부활하신 그리스도와 연합할 때, 그들의 것이 된다. 달리 말하여, 믿음으로 의로우신 그리스도와 연합될 때, 그의 의가 그들의 것으로 간주되고, 그들에게 전가된다.

그리스도 자신을 의롭게 하는 것으로서 부활은 디모데전서 3장 16절의 "육신으로 나타나신바 되었으며, 성령으로 의롭다하심을 입은"이라는 말씀에서 확인된다. 이 언급은 거의 확실히 예수님을 죽은 자들로부터 일으키시는 성령의 사역과 관련된 것이다. 대부분의 영어 번역들이 개역성경에서는 "의롭다하심을 입은"으로 번역된 그 동사를 "정당함을 증명하다"vindicated라고 읽고 있는데, 필자가 보기에 여기서 "입증"vindication은 확실히 법적인 것이다. "육신으로 나타나신바 되셨으며"in the flesh라는, 즉 부활에 앞선 그의 공생에서의 순종에서 나타난 그리스도의 의라는 문맥상의 의미에서 볼 때 법적인 함의를 갖는다는 것이다. 따라서 통상적인 번역이 취하는 것처럼 이 동사를 "의롭다하심을 입은"justified, KJV으로 읽는 것을 포기하도록 강요할 필요는 없다. "의로운 것으로 보여진 것"이라는 번역NLT도 이런 의미를 취한 것이다. 그런 의미로 볼 때, 당연히, 신자들의 칭의와 달리 그리스도의 칭의는 다른 사람의 의를 그에게 전가한다는 의미는 갖지 않는다는 사실을 마음에 기억할 필요가 있다. 그가 의롭다고 선언되는 근거는 신자들과는 달리 그 자신의 의 때문인 것이다.[55]

신자들의 칭의와 부활 사이의 직접적인 관계는 로마서 5장 18절의 "생명의 칭의"δικαίωσιν ζωῆς라는 표현에서 발견된다. 이 언급이 특별히 그리스도의 부활에서 주어진 생명과 관련된다는 사실은 21절의 "영원한 생명"이라는 말씀과 고린도전서 15장 21절과 22절의 병행구절에 비추어 볼 때 의심의 여지가 없다. 여기서 칭의가 생명에서 형성되는 것, 즉 칭의 그 자체가 부활-생명인지, 아니면 대안적으로 그 생명이 칭의의 결과인지 하는 생각이 관건이다. 이런 이해와 우리가 살펴본 다른 구절의 빛에서 볼

---

[55] 그리스도를 의롭게 하는 것으로서 부활에 대한 더 이상의 논의를 위하여, 필자의 Resurrection and Redemption: A Study in Paul's Soteriology (2nd edn.; Phillipsburg, NJ: P&R, 1987), pp. 119-24를 보라.

때, 부활은 사실상 법정적이다. 부활은 그의 의에 근거된 그리스도의 칭의를 옹호하며, 신자들의 칭의는 그의 부활에서 그리스도와 연합된 것의 기능이며 현시이다.

물론 부활은 죽음을 떠나서는 아무런 의미가 없다. 표준적인 성경적 표현에 따르면, 이것은 "죽은 자들로부터의 생명"인 것이다. 따라서 우리가 생각하고 있는 부활의 법정적이고 칭의하는 의미는 죽음이라는 반립적인 법적 결과와 연결되어 있다. 우리가 제2장에서 본 것처럼, 바울에게 있어서, 인간의 죽음은 죄에 대한 법적인 결과인 것이다. 죽음은 단순히 죄의 자연스러운 결과가 아니며, 죄를 범한 것이 쌓여서 결과한 것도 아니다. 이것은 죄 그 자체의 의식적인 "보상"이며, 값을 치른 것에 해당한다. "죄의 삯"롬 6:23으로서 죽음은 단순히 벌금과 같은 것이 아니라, 형벌이다. 죽음은 죄에 대한 하나님의 반응으로서, 본성상 법적인 반응이다. 죄에 대한 궁극적인 저주로서 죽음은 죄에 대한 하나님의 정당한 심판이다. 바울에게 있어서 죽음은 형벌과 분리하여 생각할 수 없다고 말하는 것은 과장된 것이 아니다. 로마서 5장 16절에서 18절은 이 점에 있어서 결정적이다. 아담 편에서 이 논증의 주된 흐름이, 일찍이 언급한 것처럼, 죄로부터 죄에 의해서 해방된 능력인 죽음에로 단순히 이어지는 것이 아니다. 오히려, 그 흐름은 죄로부터 정죄에로, 그리고 그 정죄의 결과로서 죽음에로 이어짐으로써 죄의 결과가 명백히 법적이라는 사실을 보여준다.

따라서 죽음과 부활이라는 양극의 두 측면에 공히 해당하는 고유한 법정적인 차원이 있다. 그들 각각은 정죄와 칭의라는 법적인 결과와 인장印章을 가진다. 부활의 이미와 아직의 구조에 법정적인 차원을 관련시키는 것은 다음과 같은 결론에 이르게 된다. 신자들이 그리스도와 연합하여 이미 일으키심을 받은 것처럼 그들은 어떤 점에서 이미 의롭게 된 것이다. 동시에 그들이 아직 부활하지 않은 것처럼, 그들은 어떤 면에서는 여전히 칭의되어야 한다. 고린도후서 4장 16절의 인간론적인 윤곽의 빛에서 볼 때, "겉사람"은 후패와 낭비와 가사성에 종속된 것이며, 죽을 운명에 처한 신자들의 칭의는 어떤 의미에서는 여전히 미래에 속한 것이다.

로마서 8장 10절은 이 결론을 본질적으로 드러낸다. "그러나 만일 그리스도께서 여러분 안에 계신다면, 이 육신이 죄로 인하여 죽을지라도, 그 영은 의로 인하여 산 것입니다."[56] 여기서 바울은 신자들의 현재 상황을 생각하고 있는 것이다. 한편으로, 그리고 이것이 그의 주된 강조점인데 그들은 그리스도 안에 내주하며 성령을 통하여 그리스도 안에서 활력을 얻어 살고 있다. 9절에서 볼 때, 성령은 "그리스도와 밀접하게 동일시되신 분"이

---

[56] 10절 하반부의 "여러분의 영은 의로 인하여 산 것입니다"라는 번역NIV, NAS은 확실히 바울적인 의미를 가진 것이나, 만일에 다른 어떤 이유에서 바울이 "생명"$\zeta\omega\eta$이란 단어를 형용사alive가 아닌 명사life로 사용하였기 때문이라면, 그것은 그렇지 않은 것으로 보인다. 여기서 내가 규정하는 이 구절에 대한 주석을 위해서는 J. Murray, The Epistle to the Romans (Grand Rapids: Eerdmans, 1959), pp. 288–91을 보라.

시다. 그리고 2절의 그리스도 예수 안에 계신 생명의 성령과 고린도전서 15장 45절의 "생명–주시는 영"으로서 그리스도라는 표현에서도 동일한 사실을 발견할 수 있다. 달리 말하여, 그들은 이미 그리스도와 더불어 일으키심을 받은 것이다. 그러나 동시에, 고린도후서 4장 16절의 "속사람"–"겉사람" 인간론이라는 이원적인 흔적은 10절의 방식으로 분명하게 표현되고 있다. 일찍이 언급했던 로마서 6장 12절과 13절에서 대안적으로 표현했던 것처럼, 신자는 "죽은 자들로부터 살아난"10절 하반절 자들이지만, 죽을 몸 안에 있는 자들이기도 하다10절 중반절.

이러한 두 측면 가운데서 한편으로, "겉사람" 즉 육체는 "죄로 인하여 죽은" 것으로 말해진다. 즉, 신자들의 몸은 죄의 결과로 죽을 것이다. 우리가 로마서 5장 16절에서 18절 사이에서 확인했던 내용의 빛에서 조금 더 언급해야만 하는 신자들의 가사성可死性이라는 그 결과는 특별히 죄에 대한 법적인 결과이다. 다른 한편으로, "속사람"이라는 용어를 통해서 본 것처럼, 성령이 신자들 안에 내주하시는 부활하신 그리스도의 생명인 것갈 2:20; 골 3:4은 바로 "의 때문"인 것이다. 이 생명의 법적인 근거는 그리스도 안에서 구현된 의이다. 역시 "속사람"의 측면에서 이 결과가 특히 법적이라는 사실은 위에서 언급했던 5장 18절의 "생명의 칭의"라는 사실로부터 분명해진다.

생명의 법적인 근거로서 파악된 10절의 의는, 달리 말하여, 칭의하는 의는 신자들 안에서 벌어지는 하나님의 갱신의 사역 혹은 신자들 안에서 형성된 의가 아닌 것이다. 오히려 이것은 신자들 안에서 이루어진 어떤 것과 구별된, 그들의 의와 구별된 그리스도의 의인 것이다. 만일 그렇지 않다면, 사실상 바울은 "혼합된 의이기 때문에 성령은 생명입니다"라고 말하고 있는 셈이다. 그러나 그것은 바울에게 있어서 사태를 역행시키는 일이 될 것이다. 신자들 안에서 성령이 일구어내신 그런 의는 성령 안에 있는 생명의 반영이고 현시인 것이다. 그 생명은 결코 "그 의 때문이" 아니며, 그 의는 결코 그 생명의 근거가 아닌 것이다.

잠재적인 오해와 혼동을 머릿속에서 지워버리기 위해서, 나는 이점에서 우리의 생각이 지향하지 않는 곳을 분명하게 할 필요가 있다고 느낀다. 나는 속사람-겉사람 논의의 빛에서 바울이 신자들을 단지 아직 완전하지 않은 계속적인 과정의 한 부분으로서 부분적으로만 칭의되었다거나 혹은 칭의를 받았으나 구원에 있어서 아직 그 미래가 불확실한 존재로 파악하고 있다는 사실을 논증하는 것이 아니다. 10절의 근접 문맥에서 볼 때, 북극성 곧 좌표와 같은 1절은 고정되고 일관된 준거점을 제공하고 있다. 단지 부분적인 것이 아니라 전인으로서 신자의 인격에 분명하게 확립된 것으로서 정죄의 제거와 칭의됨이 존재한다. 믿음으로 말미암아 그리스도에게 연합된 죄인들의 경우, 하나님의 심판의 때에 죄책을 발견했던 이전의 상태와 정죄의 상태에서부터 무죄한 자로 뒤바뀌며, 의롭다고 선언되는 것이다. 이러한 법적인 전환이 단지 한 부분적인 것으로 혹은 한 측면에서가 아니라 전인적으로 신자들에게 적용된다. 고린도후서 4장 16절에서

"낙망하지 않고" 의롭게 된 사람은 단지 "속사람"만이 아니라 전인적이고 유일한 주체로서의 인간이다. 어떤 다른 결론을 도출하는 것은 지나치게 바울을 뒤트는 것이다.

동시에, 우리는 10절의 신자들에게 적용된 삶과 죽음의 분리로서 이 구별을 생각해 보아야 한다. 특히 "실현되었으나–여전히 미래적"이라는 신자들의 부활의 패턴에 대한 바울의 교훈의 빛에서 이 생각을 전개해야 한다. 그 빛에서 볼 때, 죽음이 "죄로 인한" 형벌에 속한 것이며, 칭의에서 이미 시작된 심판의 전복적인 법적인 결과로서 형벌의 제거가 단번에 모두 발생하지 않고 ① 이미 실현되었으나 ② 여전히 미래적인 것이라는 두 단계를 통하여 전개된다는 사실을 관찰하는 것이 공정할 것이다. 상호 관련된 것으로서 법적인 역전환의 공개적이고 공공연한 선언, 즉 그들의 육체적인 부활과 최후의 심판과 관련된 분명한 선언은 이와 같이 여전히 미래적인 것이다. 그런 의미에서, 신자들은 이미 "믿음으로 말미암아"by faith 의롭게 된 것이다. 그러나 그들은 아직 "눈으로 확인할 수 있도록"by sight 여전히 칭의되어야 하는 것이다.

하나의 그림을 사용하는 것이 이 점을 분명하게 이해하는데 도움이 될 것이다. 이 상황은 판결이 뒤집힌 한 죄수의 상황과 비교될 수 있다. 그 판결의 역전환을 통하여 그의 죄수로서의 삶은 끝난다. 그러나 법정이 그 결정을 다시 번복되지 않을 확실한 실행으로 적용하는 절차는, 마치 감옥으로부터 실제적으로 석방

되는 일이 두 단계로 진행되는데, 하나는 즉각적인 것이고 다른 하나는 미래의 어느 시점이 된다는 것과 아주 유사하다. 여기서 이 유비는 "속사람"-"겉사람"이라는 인간론과 관련하여 압도적인 힘을 발휘한다. 이 유비를 속사람에게 적용할 때, 믿음으로 말미암아 의롭게 된 죄인들은 즉시 감옥/죽음의 심판으로부터 해방된다. 그러나 그들의 겉사람과 관련되는 한, 그 감옥으로부터 그들의 존재가 해방되는 일은 부활의 때까지 연기된다.

이러한 관찰들은 고린도전서 15장 54절에서 56절의 "멸망당할 것이 멸망당하지 않을 것을 입고, 죽을 것이 죽지 않을 것을 입을 때, 다음과 같이 기록된 말씀이 이루어질 것이다. '죽음이 승리에로 삼켜졌습니다.' 혹은 '죽음아! 너의 승리가 어디 있느냐? 오, 죽음이여, 너의 쏘는 것이 어디 있느냐? 죽음의 쏘는 것은 죄요, 그 죄의 능력은 율법이니라.'"ESV는 말씀에 의해서 다시 강화된다.

여기서 바울은 신자의 육체적인 부활, 다른 말로, "겉사람"의 부활을 거론하고 있다.[57] 육체의 부활과 관련하여, 신자들의 경우, "승리에 삼켜진 죽음"은 아직 현실이 아니다. "그 때에", 즉 여전히 미래에 "다음과 같이 기록된 말씀이 이루어질 것이다: 죽음이 승리에로 삼켜졌습니다"54절.[58] 육체적인 부활의 "추수"에

---

57) 일찍이 언급했던 것처럼, 불신자들의 부활은 고린도전서 15장에서 바울의 관심밖에 있다.

있어서 그리스도인들의 위상과 관련하는 한, 22절과 23절에 나타난 이 장<sub>章</sub>의 지배적인 관심사라는 측면에서 볼 때, 죽음은 아직 "승리에로 삼켜지지 않은" 것이다.

교회와 관련하여 죽음에 대한 이 승리가 여전히 미래적이라는 사실은 25절과 26절에서 확인된다. 말하자면, 이미 부활하신 그리스도이신 "그"는 "멸망당할" "마지막" 원수인 죽음과 함께 "그의 모든 원수들을 그 발아래 두실 때까지 통치하실 것"이다. 근접문맥에서 볼 때, 헬라어 동사 $\kappa\alpha\tau\alpha\rho\gamma\epsilon\hat{\iota}\tau\alpha\iota$의 현재시제는 대부분의 영어번역들이 인정하는 것처럼, 어떤 미래적인 힘을 갖고 있다. 그 자신의 부활로 말미암아, 즉 "첫 열매"의 육체적인 부활로 말미암아, 죽음의 최종적인 그리고 완전한 멸망이 그에게 인격적으로 일어났으며, 그 추수의 나머지 사람들에게도 확실한 현실이 되었다. 그러나 그들에게 있어서, 그 멸망에의 그들의 실제적이고 육체적인 참여는 아직 발생하지 않았다. 더 나아가서, 50절에서 52절은 54절과 55절의 죽음에 대한 미래적 승리가 "마지막 나팔"소리가 울릴 때, 즉 최후심판<sub>살전 4:16; 마 24:31</sub>에서 분명하게 이루어진다는 사실을 분명히 한다.

이런 배경에서, 신자들에게 있어서 육체적인 죽음의 멸망이 여전히 미래에 속한 것이라고 언급하는 56절은 "죽음의 쏘는 것

---

58) 나는 이곳에서와 55절에서의 바울의 흥미로운 구약 사용사 <sub>25:8절과 호 13:14</sub>에 대하여는 여지를 남겨둔다.

은 죄이며, 죄의 능력은 율법"이라고 확언한다. 여기서 현재 계속되고 있는 신자들의 가사성과 관련하여, 죽음과 죄 사이의 명백한 연관, 특히 죄가 율법을 범한 것과 관련된다는 사실이 분명해진다. 죄는 "죽음의 쏘는 것"이며, "죽음의 입맞춤"이라고 우리가 말할 수 있을 것이다. 즉 육체 가운데 있는 신자들에게 죄는 독을 가지고 있으며, 죽음에 빠트릴 수 있는 잠재력을 가진다. 환언하여, 바울이 율법은 그것을 어길 경우 심판을 가져옴으로써 죽음을 규정하는 것처럼 그렇게 죄가 신자들의 삶에 그와 같이 행한다고 언급하는 것이다. 달리 말하여, 죄의 결과로서 신자들에게 계속되는 가사성은 법적이고 법정적인 의미를 가진다. 여기서 우리는 그들의 육체적인 가사성이 여전히 현재적인 것이며, 아직 제거되지 않은 죄의 형벌적 결과라고 결론지어야 하는 것이다.

확실히 그들을 대신하여 죽으심으로써 그리스도는 그들의 죄를 완전하게 담당하셨고, 그 결과로서 공정하게 받아야만 하는 그들의 죄에 대한 심판의 제거를 확보하셨다롬 3:25-26. 바울이 넌지시 말하는 그 어떤 것도 다른 어떤 것을 제안하지 않는다. 그러나 신자들에게 있어서 죄에 대한 정당한 심판으로서 죽음은 육신에 관련하는 한 아직도 여전히 제거되지 않았다. 그러나 바울은 죽음이 유지되고, 어느 정도 죽음이 활동하며, 죄에 대한 심판과 저주가 어느 정도 계속되고 있지만, 신자들의 경우에 이것은 결과적으로 제거될 것이라는 확신을 견지한다. 이런 측면에서, 죄에 대한 심판과 저주로서 죽음은 아직 제거되지 않은 것이다. 이 장章이 끝나는 부분인 57절과 58절에서 정점에 이르는 권면은 이 결론과 동일한 음향을 발한다. 바울은 그리스도인들에게 "여러분의 수고가 주안에서 헛되지 않을 것이며", 그것은 "우리 주 예수 그리스도로 말미암아 우리에게 승리를 주시는 하나님" 때문에 진실된 것이라는 사실을 확신시킨다. 그러나 바로 앞선 구절인 54절과 55절로부터 신자들에게 있어서, 죽음을 파괴하는 승리는, 비록 이미 안전한 것이며 확실한 것이지만, 여전히 미래에 속한 것이라는 사실을 알게 된다.

더 나아가서, 이러한 생각들이 사도 자신에게 뿐만 아니라, 모든 그리스도인에게 "죽는 것도 이득이다"빌 1:21라는 사실을 보지 못하게 하거나 혹은 지워버리려고 의도하지도 않는다. 확실히 신자들의 육체적인 죽음은 그리스도와 연합함으로써 "훨씬 더 나은" 축복에 이르는 대문과 같은 것이어서, 하나님의 부성적인 사랑을 들여다보게 한다23절. 신자들에게 있어서 죽음은 현재의 육체적 실존의 짐을 뒤로 하고 "속사람"의 완전에 도달하는 수단이다. 또한 심지어 죽음에 있어서조차 그리스도인은 육체뿐만 아니라 영혼과 관련하여서도 그리스도와의 연합을 유지한다. 이 사실은 데살로니가전서 4장 14절의 "만일 우리가 예수님께서 죽으셨고 다시 부활하셨다는 사실을 믿는다면, 이와 같이 하나

---

59) 이 구절에 근거하여, 청소년을 위한 신앙교육서는 37문의 답에서, 신자들의 육체의 죽음을 "여전히 그리스도 안에 연합된 것"으로서 언급하며, 유사하게 성인들을 위한 신앙교육서 86문의 답에서 "우리 육신의 완전한 구속을 기다리며롬 8:23, 이것은 죽음에서조차도 그리스도와의 연합 안에서 계속됩니다"살전 4:14라고 언급한다.

님께서 예수님 안에서 잠든 자들을 그와 함께 있게 하실 것입니다"라는 말씀으로부터 명백하게 추론될 수 있다.[59] 나아가서 죽음 그 자체를 포함한 어떤 것도 그들을 그리스도 안에 있는 하나님의 사랑으로부터 끊을 수 없다롬 8:38-39. 여전히 그들이 죽음이라는 형벌에 현재 매여 있을지라도, 하나님은 더 이상 진노와 화해되지 않은 심판으로 갚으시지 않고, 그들의 자비하신 아버지로서 다가서신다. 그리고 고난과 육체적인 죽음과 관계되는 한에서, 그들 안에 있는 아담적 죄성 때문에롬 5:12 이하, 그리고 그 죄성 안에 남아 있는 그들의 지속적인 공모共謀 때문에, 그는 찬양의 언어로 "그들에게 이 깊은 절망조차도 거룩한 일이 되게 하소서"라고 노래하는 것이다. 사실상, 내가 여기서 지면상 다룰 수 없는 이 교훈의 중요한 측면은, 신자들의 현재적인 고통은 그들이 이미 그리스도와 함께 일으키심을 받은 것을 표현하는 것이 될 수 있고, 또 그렇게 된다는 사실이다.[60]

비록 더 큰 축복을 향한 전이라고 하더라도, 여전히 육체적인 죽음은 그 자체로 축복은 아니다. "이 육신을 떠나 주와 함께 편안히 거하는 것"고후 5:8을 선호한다고 표현하면서도, 바울은 동시에 이 연약한 육신이 참여하고 있는 궁극적인 "벌거벗음"에

---

60) 고린도후서 4장 10절과 11절; 빌립보서 3장 10절; 참고로 고린도후서 12장 9절과 10절, 빌립보서 1장 29절을 보라. 이 구절 혹은 바울의 서신에서 관련된 구절의 토론을 위해서 필자의 "The Usefulness of the Cross," Westminster Theological Journal, 41 (1978-1979), pp. 228-46쪽을 참고하라.

61) 이 구절의 해석과 관련하여서는, 특히 Vos, Pauline Eschatology, pp. 186-198쪽을 보라.

대하여 깊이 탄식한다고후 5:2-4.[61] 하나님의 형상으로 창조된 피조물에게 있어서, 그리고 몸의 부활의 날에 그 형상이 온전하게 회복될 것을 소망 중에 기다리는 사람들에게고전 15:49 있어서, 육체적인 실존을 박탈하는 것은 죄에 대한 법적인 결과인 죽음에서만 적절하게 설명될 수 있는 깊은 왜곡과 비정상성에 속하는 것이다. 신자들을 위한 육체적인 죽음, 즉 그들이 죽는다는 사실을 개선하려는 것, 혹은 그 경험 자체를 보다 덜 경직된 것으로, 혹은 보다 더 긍정적인 것으로 신자들이 파악하도록 하는 것은 바울과 또 그 문제를 언급하는 성경의 다른 저자들과는 낯선 방식을 취하여 죽음을 낭만적인 것으로 만드는 것이다. 신자들을 향한 하나님의 사랑은 죽음 그 자체에서 현시되지 않고, 죽음에도 불구하고 아버지로서의 그의 사랑과 돌보심이라는 끊어지지 않는 관계 안에서 죄의 삶의 이 마지막 흔적이 몸의 부활에서 제거될 때까지 그들을 보존하시는 데서 현시된다롬 8:38-39.

요컨대, 신자들의 "겉사람"은 아직 그리스도와의 연합에서 비롯되는 구원의 은덕 – 그것이 변혁적인 것이든지 혹은 법적인 것이든지 간에 – 을 경험하지 않는다. 내가 "겉사람"인 한, 나는 아직 공개적으로 칭의되지 않았으며, 육체적인 부활의 때에 그렇게 될 것이다. 그리고 내가 이미 뒤바꿀 수 없이 의롭게 되었다는 현실이나, 혹은 최후의 심판에서 육체의 부활을 통하여 의로워진 내 존재의 미래적 확실성을 축소하지 않음으로써 그렇게 될 것이다. 여기서 고린도후서 5장 7절의 원리의 빛에서, 나는 "믿음으로" 칭의되었고, 아직 "보는 것으로는" 아니라는 사실을 다시 확인하게 된다.

### (3) 양자

그리스도인의 칭의의 현재-미래적인 구조와 관련한 이 결론은 양자에 대한 그의 교훈의 측면에서 확증된다. 칭의와 같이 바울에게서 양자는 법정적인 실재이다. 여기서 간략하게 말하면, 하나님과 소외된 죄인으로서 인간은 자연적으로는 하나님의 자녀가 아니다. 정반대로, 그들은 "본성상 그의 진노의 자녀들"이다엡 2:3. 이 하나님의 진노는 본성상 법적인 것이고, 항상 그의 공의롭고 정당한 진노이다롬 2:5, 8; 살후 1:8-9. 따라서 그 진노의 제거와 그의 자녀로서 하나님과 교제하는 자에로의 회복은 법적인 측면을 갖는다. 그리스도인들은 타고난 혹은 창조 덕택에 하나님의 자녀들인 것은 아니다. 그 정체성은 갱신 과정의 결과도 아니다. 오히려, 신자들은 그의 결정적이고 선언적인 행동에 의해서 하나님의 자녀의 신분을 갖는다. 칭의와 같이 양자도 법적인 선언에 속하는 것이다.

로마서 8장 14절에서 17절에 걸쳐서 바울은 신자들이 이미 양자로 입적되었다는 사실을 강조하여 분명히 한다. 그들은 이제 양자의 방식으로 "하나님의 자녀들"이며, 그에 뒤따르는 결과들 가운데 그들이 향유하는 것은 그들 안에 내주하시는 성령께서 바로 "양자의 영"이라는 사실이며, 성령께서 현재 하나님께서 그들의 아버지이시며, 그의 양자된 자녀들로서 그들이 하나님을 향하여 나아가도록 확신을 심어주신다는 사실이다.

그러나 이제 몇 절후에 바울은 "우리는 양자될 것, 곧 우리 몸의 구속을 간절하게 앙망(仰望)합니다"라고 기록한다23절. 현재의 양자는 부활의 때에, 즉 육체적인 부활에서 실현되거나 혹은 그것과 함께 주어질 것이다. 또한 여기서 칭의에서도 마찬가지라는 사실을 우리가 보았지만, 양자의 경우도, 미래에 있을 몸의 부활이 사실상 법정적인 의미와 연루되어 있다. 신자들의 부활은 그들의 양자됨의 선언이 될 것이다.

근본적으로 동일한 문맥에서, 법정적이고 선언적인 현실로서 양자는 현재적이며 미래적인 것으로 파악된다. 우선, 이것이 혼란스러운 것, 심지어 정합성이 없는 것으로 보일 수 있을 것이다. 과연 어떻게 현재적이며 미래적일 수 있는가? 양자된다는 사실을 고려할 때, 내가 양자가 되었거나 혹은 그렇지 않거나 둘 중의 하나가 되는 것이 분명한 사실이 아니겠는가! 만일 내가 양자되었다면, 어떻게 내가 또한 양자될 것을 기대할 수 있는가?

우리가 확신하건대, 바울은 여기서 어떤 이중적인 발언을 하고 있는 것이 아니다. 그는 미래적인 양자가 현재 우리 안에 형성된 현실로서 양자됨을 불확실한 것으로 만든다고 하는 어떤 역설적인 것을 언급하지 않는다. 양자의 "아직 아니"라는 왼손이 양자의 오른손이 제공하는 "이미"를 제거하거나, 혹은 취소하는 어떤 변증법적인 유형을 생각하는 것이 아니다. 오히려 현재와 미래를 구별하는 관점은 근접문맥으로부터 아주 자명하다. 여전히 미래에 속한 것, 전피조물이 고대하는 것은, "하나님의 아들들의 공개적인 계시"로 읽는 것이 옳다고 여겨지는 바로 그 것, 즉 "하나님의 아들들의 나타남"인 것이다19절. 다시, 고대하고 있는 것은 "하나님의 자녀들의 영광스러운 자유", 즉 그들의 영광의 자유롭고 공개적인 현시인 것이다21절. 신자들은 육체의 부활에서 그들의 양자됨의 공개적인 현시를 기다리고 있다.

여기서 다시, 고린도후서 5장 7절의 원리가 제시되고 지배적인 역할을 한다. 현재의 시간에, 즉 그리스도께서 다시 오실 때까지, 그리스도인들은 그들의 양자됨을 "믿음으로" 소유하지만, 아직 "보는 것으로" 소유한 것은 아니다. 그들은 "봄의 방식에서"가 아니라, "믿음의 방식으로" 하나님의 양자된 자녀들인 것이다. 이런 경우를 일컬어, 그들이 아직 "공개적으로" 양자되지 않았다고 하는 것이다. 이 점과 관련하여, 바울에 대한 공정한 주석은 요한일서 3장 2절의 "지금은 우리가 하나님의 자녀입니다. 그리고 우리가 어떻게 될 지는 아직 계시되지 않았습니다"라는 말씀이다.

양자에 대한 바울의 진술은 어떻게 그가 칭의의 법정적인 축복과 밀접한 관계를 유지하면서 양자를 이해할 수 있는가를 볼 수 있는 창문窓門을 제공한다고 우리는 결론지을 수 있다. 양자가 현재이면서 미래인 것처럼, 그렇게 칭의 역시 그렇다. 우리는 이미 믿음으로 칭의되었으나 아직 보는 것으로는 아니다. 우리의 양자처럼 우리의 칭의는 여전히 공공연하게 그리고 공개적으로 현시되어야만 하는 것이다. 우리는 아직 "공개적으로 무죄방면 되지" 않았다.

(4) 최후의 심판

바울에게서 미래적인 칭의에 대한 명백한 언급이 자료상 그렇게 많지 않은 반면에, 그리스도인과 관련한 최후의 심판에 대하여는 여러 곳에서 아주 분명하게 언급하는 예를 발견할 수 있으며, 그리스도인들을 포함하는 것으로서 최후의 심판은 "행위에 따른" 심판이 될 것이다. 말인즉, 우리가 앞으로 보게 되겠지만, 최후의 심판에서 "행위"가 본질적인 기준으로서 작동하게 될 것이다.

이와 관련한 가장 분명한 구절은 로마서 2장 5절에서부터 16절 그리고 고린도후서 5장 10절이다.[62] 후자는 우리가 이미 언급한 것처럼, 바울이 죽음에서 육체와 분리되어 주님과 함께 있는 것이 그리스도인의 이차적인 소망이라고 언급하면서도, 그러나 일차적으로 육체적인 부활이라는 궁극적인 소망에 사로잡혀 있다는 사실을 보여주는 부분1-19절으로서 핵심적인 선언을 담고 있다. "우리 모두는 그리스도의 심판의 보좌 앞에 나타나야만 합니다. 그리고 각 사람은 선한 일이든 악한 일이든 간에 그가 육체에 있을 때에 행한 일에 마땅한 것을 받게 될 것입니다." 신자들 역시 최후의 심판에 직면한다. 그리고 그들에게도 역시 그 심판은 "겉사람"으로서 우리가 육체 가운데서 행한 것들에 합당한 판결과 직결된다.

---

62) 또한 사도행전 17:31; 로마서 14:10; 딤후 4:1을 보라.

로마서에서 바울은 일차적으로 첫 번째 주요 부분에서 인간의 죄의 보편성을 분명히 한다1:18-3:20. 그의 기본적인 평가는 이 부분을 넘어서 3장 23절의 "모든 사람이 죄를 범하였고, 하나님의 영광에 미치지 못했기 때문에" 율법이라는 특권을 가진 유대인과 비유대인 사이에 "어떤 차별도 없습니다"라는 말씀에서 요약되고 있다. 논의 과정에서 2장 5절의 언급은 "진노의 날과 하나님의 의로운 심판의 계시"와 관련되고, 6절은 그 심판의 날에, 그들과 관련한 삶의 결과와 직결된 심판의 두 측면을 다루고 있는 7절에서 11절의 말씀과 함께 "하나님께서 각 사람에게 행위에 따라[63] 행하실 것"이라고 덧붙인다.

5절에서 11절은 긍정적인 측면에서 볼 때, 현실적인 시나리오를 고려한 것인가? 아니면, 아직 실현되지 않은 그리고 원리상으로만 참된 시나리오를 고려한 것인가? 한편으로, 그리스도인과 그들에게 있어서 최후의 심판이 가져오는 현실적인 결과를 기술하는 것인가? 아니면, 대안적으로, 바울이 다만 가설적으로 말하고 있는 것인가? 전자의 독법은 거의 확실히 옳다. 가설적인 관점의 경우, 바울이 원리상 옳은 것이지만 사실상 실현되지 않은 것을 말하고 있다는 관점은 비록 상당한 공을 들인 논의이기는 하여도, 복음이나, 그 복음의 예상 혹은 결과와 연관된 것으로 보는 것은, 3장 21절 이하에서야 비로소 등장하는 복음과 구원,

---

63) 헬라어 구약성경으로부터 인용하면, 시편 61:13 (히브리어 성경 62:13; 영어 성경 62:12)과 잠언 24:12; 전도서 12:14등과 같은 말씀이 거론될 수 있다.

특히 율법의 행위 없이 믿음으로 말미암는 구원이 아니라, 율법과 보편적인 죄를 생각하고 있는 바울의 관점에서 볼 때, 상당히 낯선 것이 된다.

일반적으로, 로마서 1장 18절에서 3장 20절에 대한 "복음이전의 관점"은 커다란 진리의 요소가 있다. 하지만 이것이 어떤 특별한 내용에 종속되어 있으며, 특히 2장 5절에서 11절을 어떻게 이해할 것인가 하는 문제와 연루되어 있다. 예를 들어, 2장 29절에서, "내면적으로" 유대인라는 사실을 표시하는 "성령 안에서 이루어지는 마음의 할례"는 그리스도인을 언급하는 것과 다르게 읽을 수 없다. 만일 문제를 확대하지 않는다면, 이 주장은 빌립보서 3장 3절의 "하나님의 성령과 예수 그리스도 안에 있는 영광으로 예배하고 육체를 신뢰하지 않는 진정한 할례인들"로서 교회를 묘사하는 것에서 지지받는다. 달리 말하여, 바울의 논증은 복음의 결과와 그 결과들 가운데 중요한 것은 3장 21절 이하보다 앞서 관찰된다는 것이다. 또한 그리고 심지어 2장 6절 이하와 보다 직접적으로 관련된 최후의 심판이 "나의 복음에 따라"16절 이루어진다고 바울은 말하고 있다. 바울은 분명하게 5절에서 11절 말씀에서 묘사된 심판의 긍정적인 측면을 단순히 율법적인 것만이 아니라 복음적인 의미를 갖는 것으로서 파악하고 있다는 것이다.

긍정적인 측면에서, 이 구절이 그리스도인들과 관련한 최후의 심판을 다루고 있다는 관점에 대항하여 일어난 또 다른 주요 논제는, 만일 12절과 13절이 포함된다면, 그러한 입장을 취하는 것은 바울서신의 다른 곳에서도 확인되는 칭의가 행위가 아닌 믿음으로 말미암는다는 바울의 분명하고 일관된 교훈과 모순을 초래하는 것이 되고 만다는 사실과 직결된다. 강조하자면, 그리스도인들에게 13절 하반부의 "율법을 행하는 자들은 의롭게 될 것입니다"를 적용하는 것은 명백히 3장 20절의 "율법의 행위로는 누구도 하나님 보시에 의롭게 될 수 없습니다"라는 말씀과 많은 관련된 구절들과도 모순된다. 그러나 내가 희망하는 바와 같이 만일 13절 하반부가 적절하게 신자들에게 적용된다면 – 이 문제는 내가 여기서 열린 질문으로 남겨두지만, 우리의 토론은 그 결과가 모순될 필요가 없다는 사실을 보여줄 것이다.

5절에서 13절을 가설적으로 읽는 것 혹은 적어도 5절에서 11절을 가설적으로 읽는 것은 정말 어려운 문제를 안고 있다. 그러나 여기서 관심을 기울이고 있는 행위의 원리 혹은 역할이라는 문제와 관련된 미래 심판은 성경의 다른 곳에서 발견하게 되는 묘사와 추론들과 그렇게 다르지 않다. 다음과 같은 구절이 신약성경 구절 가운데서 인용될 수 있을 것이다.

> 인자가 그의 아버지의 영광 가운데 그의 천사들과 함께 올 것이며, 그는 각 사람에게 그의 행위를 따라 보상할 것입니다. 〈마 16:27〉

> 무덤에 있는 모든 자들이 그의 음성을 듣고 나올 때가 도래할 것이며, 선을 행한 자들에게는 생명의 부활이, 그리고 악을 행한 자들에게는 심판의 부활이 있을 것입니다. 〈요 5:28-29〉

백보좌 앞에서 최후의 심판이 펼쳐질 것이며, "죽은 자들은 그들의 행위에 따라 이 책들에 기록된 대로 심판을 받을 것입니다."〈계 20:13〉

내가 곧 올 것이며, 내 보상이 내게 있으니, 그의 행한 대로 모든 사람에게 보상할 것입니다.〈계 22:12〉

바울서신의 다른 곳에서 선을 행하되 낙심하지 말 것을 신자들에게 권면하면서 다음과 같이 말씀한다.

사람이 무엇을 뿌리든 간에 그가 그것을 거둘 것입니다. 그 자신의 육체를 위하여 뿌리는 자는 육체로부터 썩을 것을 거두고, 영을 위하여 뿌리는 자는 영으로부터 영원한 생명을 거둘 것입니다.〈갈 6:7-9, ESV〉

만일 로마서 2장 5절 이하의 말씀이 가설적인 것으로 해석되지 않는다면, 믿음으로 말미암는 구원이라는 성경의 교훈과 갈등을 일으키는 문제는 단순하게 이런저런 다른 구절들과의 관계에서 책임 있는 모습을 보이지 않는 것이며, 그들 역시 긍정적인 면에서 가설적인 것으로 해석되어야 한다. 그러나 존 머레이John Murray가 투박하게 표현한 것처럼, 이런 구절을 심사숙고하게 되면 "그러한 절차의 불가능성"[64]을 보여주게 될 것이다. 성경의 포괄적인 문맥은 로마서 2장 5절 이하에서, 만일 12절과 13절을 포함하지 않는다면, 적어도 5절에서 11절에 걸친 말씀에서 비롯되는 긍정적인 결과는 최후의 심판에서 그리스도인들에게 참된 것을 묘사하는 것으로 파악되어야 한다는 것이다.

이제 이 구절의 내적인 관계를 주목할 때, 긍정적인 측면에서 그리스도인들과 관련하여 여기서 문제가 되는 것은, 이런 구절과 관련하여 때때로 이해되는 것처럼, 보상의 어떤 이차적인 결과, 상대적인 정도 혹은 수준을 말하는 것이 아니다. 오히려, 부정적인 측면에서 분명한 것처럼, 여기서 문제가 되고 있는 최후의 심판은 궁극적인 문제이고, 전부 아니면 아무 것도 아닌 그들의 최종적이고 영원한 운명과 관련된 문제이다. 이것은 6절에서 11절의 원형 구성에 시선을 고정할 때 파악될 수 있다. 6절과 11절에서 발견되는 재판관이신 하나님의 불공정성은 a-b-b-a라는 교차구조, 즉 10절과 7절이 상응하고, 9절과 8절이 상응하는 방식을 취한다.

긍정적인 측면에서, "인내함으로 선을 행하는 자들은 영광과 명예와 불사성을 구하며"라는 7절은 "선한 것을 행하는 모든 사람은"이라는 10절에 상응하여, 심판의 결과가 "영생", "영광" 그리고 "영예와 평화"가 된다. 그것은 그들에게 미칠 궁극적인 결과이며, 자기의 의지를 지향하고 그들의 영원한 멸망을 향하여 고집스럽게 불순종하는 사람들에 대한 구제되지 않는 반립을 형

---

64) Murray, Romans, p. 63. 이 구절에 대한 광범위한 주석과 단행본들 가운데서 머레이의 연구는 특히 유용한 것으로 남아있고, 특별히 나 자신의 입장을 형성하였다.

성한다. 즉, "진노와 화염", "고뇌와 절망"8-9절과 같은 것과 대조된다는 것이다.

전체로서 바울 교훈의 보다 더 큰 문맥 내에서도 이 문제는 피할 수 없는 것이다. 이런저런 구절에서 언급하고 있는 행위에 따른 미래 심판을 우리가 어떻게 종말론적인 심판으로서 이미 선언된, 즉 이미 오직 신앙으로 그리고 그리스도 안에 계시된 하나님의 전가된 의에 근거하여 받아들인 칭의가 현재적 실재가 되었다는 그의 분명하고 강조적인 교훈과 연결할 수 있는가?

이 관계에 대한 질문의 대답은 두 가지 "다른" 칭의를 구별하는 방향에서 찾아서는 안 된다. 이 관점은 다양한 양식을 가진다. 현재와 관련된 것은 믿음으로, 미래와 관련된 것은 행위로, 혹은 현재적 칭의는 믿음으로만, 그리고 미래적 칭의는 믿음 플러스 행위로, 전자는 그리스도의 사역에 근거하고, 후자는 심지어 성령의 능력으로 말미암는 것이라고 하더라도 우리의 행위에 근거하는, 혹은 현재적 칭의는 신실한 삶에 근거한 미래적 칭의를 예견하는 믿음에 근거된 것으로 파악하는 등등의 다양한 양식을 고려해야 한다는 것이다.[65]

---

65) 이런 경우를 라이트N. T. Wright의 관점에서 찾을 수 있는바, 이를 위하여, "Present justification declares, on the basis of faith, what future justification will affirm publicaly (according to [Rom.] 2:14-16 and 8:9-11) on the basis of the entire life" (What Saint Paul Really said, p. 129)를 보라.

오히려, 현재 우리가 찾으려는 그 대답은 믿음으로 그리스도와 연합함으로써 얻게 된 이미와 아직 아니의 구조에 있으며, 그 믿음은 본질상, 특별히 "사랑으로 역사하는 믿음"갈 5:6인 것이다. 근접문맥에서 볼 때, 이것이 칭의하는 믿음에 대한 기술이라는 것에는 거의 어려움이 없다. 그 문맥의 핵심적인 문제는 할례가 칭의에 필요한 것인지 여부에 있으며2절 이하, 6절의 "할례나 무할례는 아무것도 아니요, 오직 사랑으로 역사하는 믿음"이라는 주어진 대조contrast에 있기 때문이다. 그리스도인들에게 있어서, 행위에 따른 미래 심판은 그들이 이미 믿음으로 얻은 것과 다른 원리에 따라 작동하지 않는다. 차이는 최후의 심판이 그 현재적 칭의의 공개적인 현시, 즉 그들의 존재가 우리가 이미 파악했던 것처럼, "공개적으로 무죄방면"된다는 사실에 있다. 그리고 그 미래 심판에 있어서, 그들의 순종이나 그들의 행위가 근거나 혹은 기초가 되지 않을 것이다. 그것들이 믿음을 보완하는 것으로서 하나님의 승인을 이끌어내는 공동의 도구 혹은 협력적인 수단으로 이해되어서는 안 된다. 오히려, 그것들은 그 신앙의 본질적이고 공개적인 기준이며, 웨스트민스터신앙고백서 16장 2절의 언어를 전용한다면, "참되고 살아있는 신앙의 열매이며 증거들"인 것이다. 로마서 2장 6절에서 바울이 근거를 표현할 때에, "행위 때문이διά." 아니라 "행위에 따라서κατά."로, 또한 수단을 표현하면서 "행위에 의해서ἐκ"도 아니라고 기록한 것을 지

---

66) 이 구절과 이 구절이 제기하는 문제에 대한 광범위한 문헌 가운데서, 특히 도움이 되는 것은 Ridderbos, Paul, pp. 178-81 ("Judgment According to Works")와 존 머레이의 결론적인 관찰인 Romans, pp. 78-79이다.

나치게 세련된 주석으로서 무익한 것이고 따라서 무시해야 한다고 해서는 안 된다는 것이 내 입장이다.[66]

### (5) 부활과 최후의 심판

미래적 칭의에 대한 우리의 논의를 시작할 때, 우리는 최후의 심판에서 신자들이 공개적으로 무죄방면된다는 사실을 언급하는 웨스트민스터 표준문서에 속하는 두 신앙교육서의 답변을 인용한 적이 있었다. 독자들이 벌써 인식했겠지만, 신앙교육서의 질문들이 서로 다르다. 성인들을 위한 신앙교육서는 90문에서 "최후의 심판의 날 the day of judgment에 의인들에게 무슨 일이 일어납니까?"라고 질문하는 반면에, 청소년을 위한 신앙교육서 38문에서는 "부활할 때 at the resurrection, 신자들이 그리스도로부터 받는 은덕들이 무엇입니까?"라고 묻는다. 이렇게 다른 표현들은 다음과 같은 질문을 제기한다. "육체적인 부활과 최후의 심판이 어떻게 연관되는가?" 바울과 관련하는 한, 성인을 위한 신앙교육서 제88문답이 확인하는 것처럼, 그리고 특별히 고린도후서 5장 10절의 빛에서 볼 때, 부활이 최후의 심판에 앞선다는 사실은 분명하다. 다른 말로, 그리스도와 연합한 신자들은 최후의 심판에서 이미 부활한 육체를 가지고 나타날 것이다. 즉 그들은 그들의 형제인 영광을 입으신 그리스도의 형상으로 이미 완전하게 일치되었기 때문에 고전 15:49; 롬 8:29, 영광스러워지고 능력을 가진 고전 15:42-44 신자들은 이미 멸망당할 수 없는 "영적인" 육체를 가지고 나타난다는 것이다.

이 사실은 미래적 칭의에 대한 바울의 교훈을 이해하는데 있어서 명백하면서도 중요한 함의를 전달한다. 만일 신자들이 최후의 심판에서 이미 부활한 육체로 나타난다면, 그들은 그 자리에 "이미 공개적으로 칭의된 자들"로서 나타나게 될 것이다. 우리가 지금까지 언급했던 그들의 미래적 칭의는, 우리가 위에서 주장했던 것처럼, 바울이 강조하는 사실상의 선언적이고 법정적이며 칭의하는 의미를 가지고 있는 그들의 부활에서 이미 발생한 것이다. 더 나아가서 이것은 신자들의 경우, 행위에 따라서 발생하는 최후의 심판이, 우리가 앞에서 언급했던 것처럼, 그들의 육체적인 부활에서 이미 공개적으로 현시된 그들의 칭의를 반성하며 더 나아가서 그것을 입증하는 하나의 실재reality가 될 것이라는 사실을 의미하는 것이다.

최후의 심판에 대한 바울의 교훈과 이에 대한 나의 논의를, 신자들을 죽음에 직면한 현세적인 삶에, 최후의 심판의 때에 그들에게 임할 결과를 확신할 수 없는 불확실한 미래에, 그리고 그들에게 영원한 생명에 합당한 호의로운 판결을 얻어낼 만큼 충분한 "선행"을 현재의 삶에서 산출하였는지 여부를 의심하게 하는 그러한 자리에, 내버려두는 것이라고 생각하는 것은 극단적인 비약이 될 것이다. 반대로, 그들의 확신을 포함하여 여기서 문제가 되는 모든 것은 그리스도에게 의존한다. 특별히 다시 언급해야만 한다면, 그의 완전한 의가 그들에게 전가되고, 오직 믿음으로만 받아들였다는 확신에 근거하는 것이다. 동시에, 최후의 심판과 이것이 신자들에게 갖는 역할에 대한 바울의 교훈은,

그가 칭의와 성화를 통합적이고 깨트릴 수 없는 결합 안에 있는 것으로 파악하는 것에 근거하며, 웨스트민스터 신앙고백서 11장 2절의 "칭의의 유일한 수단으로서 믿음은…… 칭의된 사람에게서만은 아닙니다"라는 진리에 근거한 것이다.

### 3) 신앙과 순종

행위에 따른 심판으로서 최후의 심판에 대한 바울의 교훈은 우리가 지금까지 지적했던 문제를 넘어서는 그 이상의 몇몇 논평을 시작하게 한다. 지속적으로 많이 토론된 질문으로서 어떻게 바울이 신앙과 순종 혹은 신자들의 선행의 관계를 파악하는가 하는 것이다. 이 문제는 율법과 복음 사이의 구별이라는 관점을 적용할 때, 적절한 초점을 맞추게 된다. 율법과 복음의 반립은 확실히 바울 안에 있다. 그러나 결과가 믿는 것과 행하는 것 사이의 모든 관계에 양극화를 조성하는 것이나, 혹은 종종 발생하는 것처럼, 한편으로는 은혜와 믿음, 다른 한편으로는 "행위"를 양분하여 칭의된 자들의 삶에 불편한 긴장을 설정하는 것으로 지나치게 확장되지 않도록 해야만 한다.

그러한 양극화는 구원에 대한 그의 이해의 심장을 찌르고, 그의 신학의 보다 근본적인 차원으로서 창조와 구속 사이에서 그가 파악하는 적극적인 관계를 깨트리는 것이다. 궁극적인 전망에서 볼 때, 하나님의 선택의 목적은 그의 아들의 형상을 본받게 하려는 데로 집중된다롬 8:29. 죄의 유입과 그에 따르는 왜곡된 결과에도 불구하고롬 5:12 이하, 창조 때에 그의 형상 담지자들을 위하여 가졌던 하나님의 원래목적은 영광을 입으신 그리스도고전 15:44b-49, 하나님의 참되고 온전한 형상이신 그리스도골 1:15 안에서 실현되었다. 이 영원한 의도는 순서상 믿음으로 그와 연합된 자들이 현재적으로 그리고 부분적으로 그의 형상에로의 변화에 참여하며고후 3:18, 그의 재림에서 궁극적인 완성에 이르게 된다고전 15:49; 빌 3:21. 하나님의 형상이 되는 것은 의도적으로 그의 뜻을 행하는 것에서 발견되며, 그를 신뢰하며, 그의 계명에 순종하는 것을 통하여 현존한다. 그것은 로마서 1장 21절 이하에 나타나는 인간의 죄와 불순종에 대한 부정적인 기술과 대조할 때 분명해진다. 하나님의 뜻을 행하는 것은 원래 아담 안에서 창조되고 그리스도 안에서 회복된 하나님의 형상에 근원적으로 정향되어 있는 것이다.

인간의 행함에 대한 이런 적극적인 시도는 과거에서나 현재에서 바울이 그토록 분명하게 반대했던 율법의 행위의 범위를 어떤 의미에서 제한하려는 사람들과 더불어 좀처럼 발생하지 않는다. 보다 최근에, 새 관점은 적어도 대부분의 경우에, 이 행위를 할례나 음식법이나 안식일과 같은 유대 민족적 정체성의 "경계표지"로 협소화하는 것으로부터 시작하였다. 지금은 그런 협소화를 주석적으로 지지할 수 없다는 인식이 분명해졌다. 율법에 대한 입장이 수정되었고, 그 결과로서 이 반대가 모세의 율법 전체를 반대하는 것으로 파악되었으며, 다만 율법이 민족적인 정체성 표지로만 기능하게 된 것이다. 내가 판단하기로 종교개혁은 행위에 대한 바울의 논쟁의 핵심적이고 결정적인 포인트를 바르게 이해하였다. 그는 믿음에 대한 왜곡된 인식을 포함하여 하나님 앞에서의 칭의된 신분을 위한 근거를 성취하고 혹은 유지하기 위해서 헌신된 인간의 모든 노력을 반대하였다. 예를 들어서, 에베소서 2장 8절과 9절, 그리고 디도서 3장 5절에서 7절 말씀이 그것을 분명히 한다.

그러나 믿음으로 칭의된 사람들의 삶에는 신앙과 행위 사이의 적극적이고 종합적인 관계가 있으며, 신앙과 신앙이 행하는 것 사이의 건설적인 연대가 있다. 거의 확실히 이와 관련하여, 바울에게 있어서 가장 교훈적이고 유일한 구절은 방금 언급하였던 에베소서 2장 8절, 9절, 그리고 10절 말씀이다. 간략한 담론의 단위인 동일한 구절에서 "행위"라는 어휘가 두 번이나 사실상 정반대의 의미로 사용되었다. "행위"는 은혜와 은혜의 열매와 적대적이다. 한편으로 8-9절, 믿음을 통한 구원의 은혜는 "행위"에 반대하며 등장하고, 즉, 은혜는 자기-구원의 형식을 내포하는 모든 노력 – 펠라기안주의든, 반半펠라기안주의든, 혹은 어떤 다른 형태이든 – 을 제거한다. 이 모든 것은 자기의 현 상태에 근거한 구원을 확보하고 유지하려는 혹은 성취하려는 시도들인 것이다. 여기서 사실상, 율법-은혜의 반립이 분명하며 또한 두드러진다. 그러나 다른 한편으로, 동시에 그리고 분리할 수 없게 10절, 그 은혜는 그리스도 안에 있는 새 창조의 능력으로서 "선행"을 생산하는 것으로 기능한다.

여기서 또한 교훈적인 것은 "믿음의 순종"롬 1:5; 16:26이라는 표현으로 이 연결고리를 파악하는 방법이다. 시작과 끝에서 발생하는 이 문구는 바울의 교훈 전체를 아우르는 로마서의 "핵심적 문구"bookends인 것이다. 더 나아가서, 바울이 그의 복음에서 추구하는 로마서 1장 2절에서 4절과 16장 25절에서 요약된 기본적인 응답을 지시하는 것처럼, 그런 기능을 수행한다. 유대인뿐만 아니라 "모든 이방인들 가운데에도" 그가 의도한 복음에 대한 응답은 "믿음의 순종"이다.

"신앙의"[67]라는 표현에서 의도적인 다중적 의미가 가장 잘 반영되어 있다. "순종"과 관련하여 둘 다 동격이며, 근원과 기원을 가리킨다. 달리 말하여, 신앙 그 자체가 순종의 행위행 16:31이며, 순종의 다른 행위도 신앙으로부터 비롯된다는 것이다. 언약적인 신실성 혹은 충성으로 이해하여[68] 신앙과 신실함 혹은 순종을 대등한 것으로 파악하는 전통적인 동격적인 이해를 역전시키는 것은 기껏해야 의심스러운 것일 뿐이다. 만일 그것이 바울이 말하려고 한 것이었다면 – 순종에서 구성되는 신실성 –, 그는 "순종의 신앙"으로 썼어야 했을 것이다. 타당성이 무엇이든지간에 갈라디

---

67) 헬라어 본문에서 이 소유격 형태는 "$ὑπακοὴ\ πίστεως$"와 같다.

68) 이것은 명백하게 라이트의 관점과 같은 것으로서, N. T. Wright, The Letter to the Romans: Introduction, Commentary and Reflections (The New Interpreter's Bible, Vol. 10; Nashville: Abingdon Press, 2002), p. 420 ("이 신앙은 실제적으로 하나님의 신실성에 대한 응답으로서 인간의 신실성이다."; 로마서 1장 17절의 "의인은 신실함으로 살게 될 것이다"라는 번역과 관련한 논쟁인 "the response of human faithfulness"를 참고하라.)

아서 5장 6절의 "사랑으로 역사하는 믿음"이라는 범주적인 기술을 통하여 바울이 신앙을 신실성 혹은 신실한 순종으로부터 분명하게 구별한다는 사실을 더 분명하고 중요하게 추측할 수 있다. 여기서 사랑을 강조하는 후자는 그 열매 혹은 결과인 신앙과 동일시되지 않는다.

바울서신의 다른 곳에서 이 표현에 가장 가깝게 상응하는 표현은 데살로니가전서 1장 3절의 "여러분의 신앙의 일" – 믿음으로 인하여 이루어진 여러분의 일, NIV – 과 데살로니가후서 1장 11절의 "신앙의 모든 일" – 여러분의 신앙에서 비롯된 모든 행위, NIV – 과 같은 것들이다. 복음의 이 의도된 결과는, 구원에 이르는 그들의 신앙에 적합한 표현으로서 신자들 안에서 이루어진 새로 창조된 선행엡 2:10이라는 의미를 반영하는, "신앙의 순종"으로 표현된 삶이다. 바울에게 있어서 신앙과 행위는 순종의 행위로서 그리스도에 대한 전적인 신뢰와 의존이며, 순종의 다른 행위들은 서로 구별되지만 분리되지는 않는다. 사실상, 우리는 신앙과 선행은 구별되지만, 그러나 항상 제유적이라는 사실을 언급해야 할 것이다. 단순하게 하나를 언급하는 것은 다른 하나를 염두에 두고 있다는 것이다. 그들이 서로 분리된다는 것을 생각할 수 없는 것이다. 그들은 항상 혼동되지 않지만, 그러나 분리되지는 않는다. 야고보서 2장 18절의 "여러분의 행위가 수반되지 않는 여러분의 믿음을 내게 보이십시오. 그러면 나는 여러분들에게 행위로써 나의 믿음을 보여주겠습니다"라는 표현은 어떤 예외도 없이 이 문제와 관련한 바울에 대한 명쾌한 주석이 될 것이다.

이런 관점에서, 율법과 복음 사이의 반립은 그 자체로 종결된 것이다. 이것은 신학적인 목적이 아니다. 오히려, 그 반립은 창조 때문이 아니라, 죄의 결과 때문에 유입된 것이며, 복음은 그 죄를 극복하는 것을 위하여 일한다. 복음은 신자들의 삶에서 율법 – 복음의 절대적인 반립을 제거하려는 목적을 가진다. 어떻게 그렇게 할 수 있는가? 간략히 말해서, 복음으로부터 분리되어 그리스도 밖에 있는 율법은 나의 원수이고 나를 정죄한다. 그러나 믿음으로 그와 연합하여 복음과 함께 그리고 그리스도 안에 있는 경우, 율법은 더 이상 나의 원수가 아니라 나의 친구이다. 그 이유가 무엇인가? 하나님께서 더 이상 나의 원수가 아니라 나의 친구이시기 때문에, 그의 의지, 그 자신의 인격에 영원히 내재하는 그의 성품과 관심의 표현으로서 율법은 결과적으로 그분을 기쁘시게 하는 것에 속하며, 핵심에 있어서 도덕적인 율법은 이제 하나님과 교제하는 삶을 위한 우호적인 안내자인 것이다.

### 4) 바울과 야고보

신앙과 순종에 대한 이러한 관찰은 신앙과 행위에 대한 바울과 야고보의 관점에 대한 오랜 토론을 간략하게 언급함으로써 더 강화될 것이다. 때때로 칭의에 있어서 신앙과 행위에 대한 그들의 교훈이 모순적이라고 취하곤 했던 그들 사이의 정합성에 대하여, 그레샴 메이천Grasham Machen의 "야고보가 비난했던 그 신앙이 바울이 추천하는 그 신앙과 다른 것처럼, 그렇게 또한 야고보가 추천하는 행위는 바울이 정죄하는 행위와는 다른 것이다"[69]라는 묘사를 개선할 수 있는 표현을 찾기가 쉽지 않을 것이다. 더 나아가서, 메이천이 또한 인식하였던 것처럼, 한 중요한 화해적인 연결로서 "이 한 구절에 반영된 전체 문제에 대한 해결"은 갈라디아서 5장 6절의 "사랑으로 역사하는 믿음"으로 표현된 칭의하는[70] 신앙이라는 바울 자신의 특징적인 언급을 거론할 수 있을 것이다. 다른 곳에서 메이천은 "바울이 오직 믿음으로 말미암는 칭의를 언급할 때 그가 의미하는 신앙은 행동하는 신앙이다"[71]라고 쓰고 있다.

반대로, 방금 언급했던 그러나 반복되고 있는 사도 바울의 "신앙의 순종"은 야보고서 2장 18절의 "여러분들의 행위와 분리된 여러분들의 믿음을 내게 보여주십시오. 그러면 나는 여러분들에게 나의 행위로 말미암는 나의 믿음을 보여드리겠습니다" ESV라는 절대적인 그리고 규정될 필요가 없는 주장과 온전히 일치된다. 이와 관련하여, 다른 누구 못지않게 야보고서 2장 21절에서 24절의 아브라함이 로마서 1장 5절의 응답이 결과적으로

---

69) J. Grasham Machen, The New Testament: An Introduction to its Literature and History (ed. W. J. Cook; Edinburgh: Banner of Truth, 1976), p. 239.

70) 적어도 여기서 메이천이 "칭의하다"라는 동사와 관련하여 바울과 야고보가 다른 의미를 가졌다는 사실에서 해답을 찾으려고 시도한 것은 아니라는 사실을 지적하는 것이 좋을 것이다.

71) J. Grasham Machen, What is Faith? (London: Hodder & Stoughton, 1925), p. 204 ("신앙과 행위"라는 장에서 이것의 전체적인 의미를 파악하며 읽는 것은 유익할 것이다.)

그리스도 안에서 성취된 언약의 복음 – 약속 2-4절, 즉 "신앙의 순종"이라는 반응에 상응한다고 제안하는 것이 쓸데없는 일이 아닌 것이다. 이 아브라함, 즉 신앙의 순종의 아브라함은 바울이 로마서의 다른 곳에서 그에 대하여 혹은 그의 신앙에 대하여 언급하는 모든 것을 암시적으로 포괄하며 규정할 수 있다. 사실상, 로마서에서 우리는 야고보의 아브라함을 만날 수 있다. 실제적으로 바울이 로마서 4장에서 명백하게 소개하는 아브라함을 우리가 만나기 이전과 이후에서, 즉 1장 5절과 16장 26절에서 우리가 그를 만난다고 말할 수 있다는 것이다. 이 두 아브라함은 어떤 의미에서 다른 사람들이 아니다. 서로 긴장 가운데서 신학적으로 기능하는 인물이 아닌 것이다. 그들은 하나이며 동일한 인물이다. 그리고 우리는 결코 적절하게 이것 없이 저것을 이해할 수 없다.

이러한 관찰은 바울과 야고보의 일치를 암시할 뿐만 아니라, 신약의 교훈을 넘어 교회의 삶을 위한 영속적인 중요성을 상기시키는 역할을 수행한다. 절망적인 것은 현재적이고 미래적인 "칭의의 유일한 수단으로서"의 신앙을 부인하거나 혹은 애매모호하게 만드는 것에서 결과한다. 그러나 그러한 신앙은 웨스트민스터 신앙고백서 11장 2절의 균형 잡힌 교훈을 가능하게 하는 "칭의된 사람 안에서만이 아니며, ...... 죽은 신앙이 아니라 사랑으로 역사하는 믿음인" 것이다. 교회는, 그 사도와 같이, 결코 홀로가 아닌 유일한 수단이라는 균형을 견지하는 오직 믿음으로 말미암는 칭의라는 바울의 메시지를 정당하게 수행해야 하는 것이다.

바울은 내가 언젠가 들었던 그런 방식으로 "오직 믿음"faith alone이라는 입장을 가르치지 않는다. 오히려, 그는 "오직 믿음으로"by faith alone라는 입장에 선다. 이것은 단순한 말장난이 아니다. 여기서 "으로"by라는 단어가 무엇보다 중요하다. 그리스도와 그들을 연합시키고, 그 안에 있는 구원의 모든 은덕을 그들을 위한 것으로 확보하는 그 믿음으로 죄인들이 칭의된다. 그 믿음은 끝까지 견디며, 그 견디는 믿음은 결코 믿음 홀로가 아닌 것이다. 이 믿음이 루터Luther가 말한 것으로 알려진, "쉴 새 없이 움직이는 작고 소박한 것"a busy little thing이다.[72]

### 5) 칭의와 현실

바울에게서의 칭의와 종말에 대한, 그리고 그가 최후의 심판에 대하여 가르친 것을 포함하여 칭의에 대한 그의 교훈의 이미와 아직의 구조에 대한 이러한 생각들은, 그가 어떻게 칭의를 신자들의 현재적 삶과 그리스도인의 삶의 지속적인 상황에 연결시키는지를 간략하게나마 연구함으로써 더욱 강화될 수 있을 것이

---

[72] 그의 로마서 서문1522/1546에 나타난 실제적인 진술은 "오, 살아있고, 쉴 새 없이 분주하며, 활동적이고, 강력한 것, 이 믿음이여! 이 믿음이 쉬지 않고 선행을 행하지 않는다는 것은 불가능합니다."라고 읽을 수 있다. (ed. E. T. Bachmann, Luther's Works Vol. 35 [Word and Sacrament, Vol. 1; Philadelphia: Fortresss Press, 1959], p. 370). 나는 솔선수범하여 이 진술을 나에게 알려주고 또 관련 문헌들을 제공해준 톰 부라우어Tom Brouwer 목사에게 빚졌다.

다. 이 연구는 다시 한 번 신학사神學史에서 몇 가지 관련 자료를 취하여 활용함으로써 촉진될 수 있다. 하나님께서는 칭의된 사람들의 죄를 계속하여 용서하신다는 사실을 확증하면서 웨스트민스터 신앙고백서 11장 5절은 "칭의의 상태"에 있는, 그 상태로부터 "결코 떨어지지 않는" 그들의 존재에 대하여 언급한다. 이런 표현 방식은 신자들에게 있어서 칭의의 현재적 의미, 그 칭의의 지속성, 그들의 삶에 있어서의 매일의 상관성을 가리킨다. 이것은 또한 이미 칭의된 사람들이 그 상태에 머무르고 그것으로부터 떨어져나가지 않도록 지키시는 일이 어떻게 발생하는가 하는 질문을 촉발시킨다. 동일한 맥락을 반영하여, 칼빈은 『기독교강요』 제3권 11장에서 18장에 걸친 칭의에 대한 긴 논의의 과정에서 14장의 제목을 "칭의의 시작과 그 계속적인 과정"이라고 붙였다. 거기에서 그는 또한 "그러므로 우리는 이 축복칭의을 한 번 소유할 뿐만 아니라 일생을 통하여 이것을 붙잡아야 합니다"라고 기록한다.[73]

여기서 우리의 관심은 칼빈이나 혹은 웨스트민스터 신앙고백서의 관련 구절을 더 탐구하는데 있지 않고, 각기 사용된 이 술어가 바울에게 신실한 것인가를 탐구하는 것이다. 그것이 로마서 8장 33절과 34절에서 분명히 드러난다. 이 장章의 담론은 "그러면 우리가 이와 관련하여 무엇이라고 말하겠습니까? 만일 하나님께서 우리를 위하신다면, 누가 우리를 대항하겠습니까?"라

---

73) Calvin, 『기독교강요』, 3.14.11.

는 이 마지막 섹션을 시작하는 31절의 수사적인 질문과 함께 38절과 39절에서 최종적인 정점에 도달한다. 두 번째 질문에서, "우리를 위하신다면"과 "우리를 대항하겠습니까"는 적어도 법률적이고 법정적인 강조를 포함하고 있다. 이 표현들은 사실상 현재에서 일어나는 법적인 과정을 제안한다. 그러한 법적인 시나리오는 33절과 34절의 "누가 하나님의 선택한 자들을 고소하겠습니까?" "누가 정죄하는 자이겠습니까?라고 시작되는 문제와 관련하여 질문의 여지가 없는 사실이 된다. 분명히 칭의와 연관된 문제가 여기에 관련되어 있다.

이러한 문제들은 이 구절들의 후반부의 절반들 사이를 가로지는 종합적 병행법에서 그 답을 발견한다. 첫째, "하나님은 칭의하시는 분이시다"33절. 그것이 결정적이다. 이것이 문제를 잘 노정한다. 34절 하반부는 "그리스도 예수는 죽었으며, 부활하신 것을 넘어 하나님의 우편에 계시며, 또한 우리를 대신하여 중보하시는 분이십니다"라는 말씀에서 볼 수 있는 것처럼, 칭의하시는 행동을 설명한다. 한마디로, 칭의하시는 분으로서 하나님을 상술詳述하는 것what, 혹은 더 좋은 표현으로, 상술詳述하시는 분who은 그리스도이시다.

34절에 따라, 우리에게 있어서 중요한 것은, 그리스도께서 어떻게 칭의와 그 칭의를 유지하는 것과 관련되시며, 심지어 칭의와 그 칭의를 유지하는데 있어서 결정적인 분으로서 언급되는가 하는 것이다. 그의 죽으심이 먼저 언급되며, 우리의 응답은 "물론 그렇습니다"일 것이다. 이미 로마서 3장 24절에서 26절, 5장 9절, 18절, 그리고 19절에서 바울은 충분히 분명하게 그 사실을 언급하였으며, 특히 32절의 "그 자신의 아들을 아끼지 아니하시고 그를 우리 모두를 대신하여 내어주신 분"이라는 구절에서도 오해의 여지없는 분명한 암시를 전달하고 있다. 달리 말하여, 그의 대속의 죽음에서 정점에 도달한 그리스도의 순종은 신자들의 칭의를 근거 짓는 바로 그 의the righteousness인 것이다.

그러나 여기서 바울은 그의 죽음으로 끝맺지 않는다. 우리의 칭의와 관련한 그리스도의 사역이라는 문제에서, 그는 그리스도의 죽음과 함께 마침표를 찍지 않는다. "그것 이상으로" 그는 계속 진행한다. 과거의 결정적인 사실로서 그리스도의 죽음을 넘어서는 것이 우리의 칭의에 통합적인 것인가? 혹은 심지어 우리의 칭의에 그 이상의 것이 꼭 필요한 것인가? "그렇다"는 것이 그 대답일 것으로 보인다. 왜냐하면, 부활과 그에 뒤따르는 지속적인 결과를 바울이 계속하여 언급하고 있기 때문이다. 그는 독자들에게 그의 강조점이 현실적으로 무엇인지를 보게 한다. 그것은 하나님의 오른 편에 "우리를 위하여" 부활하신 그리스도께서 계속하여 중보적 현존으로 계신다는 사실이다.

바울에게 있어서 칭의는 이 계속되는 중보적 현존과 묶여있다. 우리로 하여금 "칭의의 상태에" 무오無誤하게 남아 있게 하기 위해서, 그리스도 안에 있는 하나님의 사랑에서 분리되지 않게 하기 위해서, 심지어 미래에 있을 죽음에서 조차도38-39절 이 계속되는 그리고 실패하지 않는 중보에 의존하도록 하신다는 것이다. 하나님의 우편으로 높아지신 그리스도는 우리의 것으로 간주된 완성되고 완전한 우리의 의의 전시물이다. 그래서 궁극적이고 최종적인 심판의 자리에 그가 자신을 나타내심은, "하나님으로부터 나와서 우리를 위한" 분이 "되신"고전 1:30 그가 이미 칭의된 신자들을 향하여 제기하는 고소에 대하여 답변하는 영원한 효력을 갖는 유일한 답안인 것이다. 잊지 말아야 하는 것은, 그 답변은 하나님 아버지께서 제공하신다는 사실이다32절. 그리스도는 신자들에게 차별 없이 전가된 그 의의 살아있는 구현인 것이다. 그리고 칭의된 상태에 그들을 있게 하신다는 그런 의미에서 그가 계신 그대로의 그는 이미 칭의된 하나님의 선택자의 칭의를 위하여 지속적인 의미와 가치를 가지신 분이다30절. 그리고 그는 그 지키시는 사역을 흔들림 없는 신실함으로 수행하신다. 마치 그가 그들의 의를 소유하신 것처럼, 그리고 선택된 그들 각 사람이 믿음으로 처음 그에게 연합되었던 때 이후로 영원히 그렇게 하실 것이다. 그의 중보 때문에, 그들은 칭의의 상태로부터 영원히 떨어질 수도 그리고 떨어지지도 않을 것이다.

# 후기

나는 바울에게 있어서 구원의 서정에 대한 이러한 생각들을 최종적인 초점으로 이끌어내기 위해서 골로새서 1장 27절과 그 자극적인 묘사인 "여러분 안에 계신 영광의 소망이신 그리스도"와 함께 끝맺게 되었다. 근접문맥 24절 이하에서 볼 때, 그의 사역 후기에 이 서신서를 쓰면서 바울은 그의 사역을 전반적으로 되돌아본 것이다. 당연히 그리스도는 중심에 있으며, 얼마나 그리스도께서 강조되고 있는가 하는 것은 지적할 만한 가치가 있다. 그리스도는 그의 죽으심과 부활 덕택에 영광을 입으신 분으로 현재 계신다. 그 자체로 그리스도는 영원부터 하나님께서 의도하셨던 구원의 최종적인 실현으로서 "계시된 하나님의 신비"이다 26절. 보다 넓은 문맥에서 볼 때, 그는 "죽은 자들로부터 먼저 나신 자"요, 하나님의 선하신 기쁨에 따라 "신성의 모든 충만"이 육체로 18-19; 2:9 거주하시는 분이다. 영광을 입으신 그리스도는 하나님의 온전한 구현인 것이다.

다른 말로, 이것이 바로 구속사의 그리스도이신 것이다. 그러나 또한 충분히 그 자체로 그는 현재 교회와 함께 하시고 신자들 안에 내주하시는 그리스도이시다. 이 구절과 바울서신의 다른 곳에서 영광을 입으신 분으로 그려진 것처럼, 그는 "여러분 안에 계신 영광의 소망이신 그리스도"이시다.

이 묘사는 질문을 촉발한다. 왜 종교개혁과 복음주의 전통에서 이것이 현재 나타난 것 이상의 역할을 하지 않았는가? 우리의 영광의 소망에 대한 질문을 받았을 때, 즉 미래의 종말론적 축복에 대한 우리의 확신이 무엇인지 질문 받았을 때, 그리스도의 재림 때에 있을 그 완전한 축복에 참여하고 그것을 소유하는 것과 관련하여 질문을 받았을 때, 우리는 얼마나 자주 "내 안에 계신 그리스도이십니다"라는 바울의 대답을 듣거나 혹은 제시하고 있는가? 그것의 공동체적인 측면을 부인하거나 혹은 상실하지 않으면서 또한 적절하게 인격화된 "내 안에 계신 그리스도"를 그 답으로 제시하고 있는가? 그 질문은 사도가 말하는 것처럼, 이 소망, 즉 "복음의 소망"23절과 관련된 것이기 때문에, 가장 적절한 질문인 것이다.

아마도 나는 여기서 더욱 조심스러우며, 지나치게 광범위하지 않도록 하기 위해서 나 자신과 관련하여 언급해야만 하겠다. 그러나 내가 볼 때, 종교개혁의 전통에서 전형적인 구원의 소망은 신학적인 측면에서 볼 때, 신자에게 전가된 그리스도의 의라는 관점에서 표현되었다. 나는 여기서 오해되지 않기를 소망한다. 내가 바라는 것은 내가 이미 이 책에서 여러 번 반복해서 명료하게 언급한 것처럼, 그리스도의 전가된 의에 근거한 구원의 확신을 표현하는 것은 확실히 바울에게 신실한 것이라는 사실이다.

그러나 동시에, 만일 "여러분 안에 계신 그리스도"가 복음의 소망의 표현으로서 더 이상 걸출한 분이 아닌가 하고 나는 의심하게 된다. 왜냐하면, 우리가 단지 변화를 가져오시는 그리스도, 즉 우리 안에서 일하시는 그리스도만을 이 표현에서 보기 때문이다. 그런 사실과 함께 우리는 어떻게 그 변화시키는 사역이 기껏해야 진행 과정에 속한 것이며 우리의 지속적인 죄 때문에 불완전한 것인가 하는 사실을 꼭 인식해야 한다. 달리 말하여, 그 갱신의 사역은 좀처럼 최후의 심판에 직면하였을 때, 소망의 견실한 기초를 제공하지 않는다. 나는 또한 그리스도와의 특별한 관계를 맺지 않은 채 칭의를 언급하는 경향, 즉 참여적이고 법정적이며, 연합이며 칭의인 이런 두 측면을 갈라놓는 경향, 그리고 그 연합을 평가절하 하거나 혹은 제거하는 방식으로 접근하려는 경향이 올바른 것인지에 대하여도 의심한다.

그러나 우리는 바울에게 있어서 우리 안에 내주하시는 그리스도와 그의 성령을 통하여 우리를 그의 형상으로 빚으시는 그리스도는 바로 분리 분할할 수 없는 whole 그리스도라는 사실을 견지한다. 달리 말하여, "하나님으로부터 나와 우리의 지혜"가 되셨을 때, 그는 우리의 "의이시며 동시에 성화" 고전 1:30이신 것이다. 그리스도 안에서 우리의 칭의와 우리의 성화 이 둘이 나눌 수 없이 함께 주어진다. 다른 말로, 골로새서 1장 27절의 그리스도는 로마서 8장 34절의 그리스도 바로 그 분이신 것이다. 내주하는 분으로서 그는 변화시키는 분 그 이상인 것이다. 여기 우리 안에 계신 그 분은 또한 하나님의 우편에서 우리를 위하시는 분으로서 거기 계신다. "우리 안에 계신" 그리스도는 영원히 "우리를 대신하시는 혹은 위하시는" 그리스도이시다. 그리고 그는 우리 안에 계신 분으로서만 우리를 대신하시는 혹은 위하시는 분이시다.

"여러분 안에 계신 영광의 소망이신 그리스도." 나는 사도적 소망의 표현인 이것보다 더 나은 혹은 더 적절한 표현으로 바울의 구원의 서정에 대한 이러한 사유를 끝낼 수 있다고 생각하지 않는다.

## 역자의 후기

　더위와의 한판 싸움이었지만, 마음 깊은 곳에서는 더위를 능가하는 열정을 맛보는 뜻 깊은 시간이었다. 이 조그만 책자가 펼쳐 보이는 하나님의 구원의 신비에 대한 명석한 해설 때문이었다. 노련한 학자인 개핀R. Gaffin은 능숙한 솜씨로 성경신학과 조직신학을 상호 대화의 장으로 끌어낸다. 성경신학자로서, 특히 바울신학자로서 생의 전반기를 보낸 그의 손끝에서 새 관점이라는 복잡한 주제를 그 배경에 두고 그 문제점을 소박하게 끄집어내어 바울신학의 중심에서 정오를 가려내는 솜씨가 대단하다.

　바울신학의 중심이 그리스도의 죽으심과 부활에 있으며, 그것은 또한 구속사의 정점이며 최종적인 계시의 완성이라는 사실을 설득력 있게 드러내는데 성공한다. 최종적인 구원의 완성으로서 그리스도의 십자가와 부활은 바울신학의 혹은 신약신학의 근본구조인 이미와 아직-아니라는 전망에서 다시금 철저하게 해석되어, 구원을 현재적인 측면과 미래적인 측면으로 적용하게끔 독자들을 이끌어낸다.

　칭의와 성화와 양자 등등을 포괄하는 통전적인 의미로서 구원은 바로 이 중심, 곧 그리스도의 십자가의 죽으심과 부활에서 발생하며, 특히 한 개인의 구원은 바로 죽으시고 부활하신 그리스도와의 인격적인 연합에서 발생한다는 사실을 치밀하게 시종일관 드러낸다.

그리스도와의 연합이라는 핵심을 축으로 칭의와 성화, 신앙과 행위, 은혜와 율법이라는 신학사적으로 많은 논란의 중심에 있었던 복잡한 문제를 명석하게 풀어낸다. 한 분 인격적이신 그리스도와의 연합을 통하여, 칭의되는 것과 성화의 삶을 살아가는 것이 어떤 관계를 맺는 것인지, 신앙과 행위는 어떤 관계를 형성하는 것인지, 은혜와 율법은 어떤 상관관계 속에 있는지 등등을 동일한 원리에 입각하여 풀어낸다.

바로 이 작업을 하는 과정에서, 그의 인생 후반부를 조직신학자로 보낸 역량이 유감없이 발휘된다. 칼빈의 신학과 개신교 정통파 신학에 대한 포괄적이면서도 정확하고 세밀한 이해가 성경적인 논의를 파고들어 치밀한 상관관계를 드러내고 있다. 돋보이는 방법은 조직신학을 성경이 구원을 설명하는데 사용하고 있는 바로 그 방법을 통하여 구성한다는 사실이다. 다시 말하여, 조직신학의 내용을 성경신학이 제시하는 방법과 자료에 철저하게 묶어 매는 힘이 돋보인다. 바람직한 방법이고, 그 점에서 후학들에게 신학하는 좋은 본보기를 제시한다고 생각된다.

한 가지 아쉬운 것은, 바로 앞에서 긍정적으로 거론했던 바로 그 방법론적인 장점에서 비롯되는 문제라는 점이 아이러니하긴

하지만, 성경적인 논리의 선후관계에만 천착하다보니, 이 성경적인 사실이 교회의 현장에서 어떻게, 어떤 실존적인 관심사와 더불어 실제적으로 이해되었었는가 하는 문제는 간과하는 듯한 모습을 보여준다는 점이다.

예를 들어서, 칭의와 성화의 구별을 언급할 수 있을 것이다. 개핀 자신은 이 문제에 대하여 그렇게 명료하지 않은 것으로 보인다. 구별해야 한다는 사실을 언급하면서도 그리스도와의 연합이라는 핵심을 강조하는 가운데 다시 그 구별을 희미하게 만들기를 반복한다. 사실 이 문제를 깊이 있게 통찰한 사람이 칼빈이다. 칼빈은 개핀이 강조하는 것처럼, 나눌 수 없는 한 분 그리스도를 강조한다. 나눌 수 없기 때문에, 한 분 그리스도와 연합하게 되면, 칭의되며 동시에 성화된다. 칭의와 성화를 선행하는 근본적인 사건이 그리스도와의 연합이다. 이 점에서 칭의와 성화는 분리될 수 없다. 이점에서 개핀도 동일한 이해를 반영한다. 개핀이 강조하는 것처럼, 칭의가 핵심이고 성화는 주변에 속하는 부수적인 것이라고 결코 칼빈이 말하지 않는다. 이 점에서 두 학자는 옳다. 그러나 칼빈은 칭의와 성화를 구별한다. 구별하되 "자유"라는 개념을 축으로 아주 명쾌하게 구별한다.

이 명쾌한 구별의 실존적인 관심사를 살피는 것이 중요하다. 만일 칭의와 성화의 관계를 두루뭉술하게 만들 경우, 실존적으로 죄를 경험하며 살아가는 그리스도인의 삶에서 칭의에서 비롯되는 자유가 박탈된다는 현실적인 경험이 칼빈으로 하여금 자유라는 개념을 둘 사이에 끌어들이게 만들었다. 칭의와 성화 사이에 자유라는 개념을 상정할 때, 성화의 삶에서 부족함을 보이는, 물론 그것을 정당화하기 위해서는 결코 아니지만, 현실적인 그리스도인의 삶에서 칭의의 힘이 보존되는 것이다. 이러한 실존적인 고민이 – 개편이 강조하는 바울신학의 근본구조인 이미와 아직-아니의 구조에서 필연적으로 발생하는 – 칭의와 성화를 중심으로 신중하게 신학적으로 고려되지 않을 때, 중세교회의 경험에서 볼 수 있는 것처럼, 구원의 힘이 실제적으로 사라질 혹은 왜곡될 위기에 빠지는 것이다.

그럼에도 불구하고, 구원의 서정이라는 논란의 핵심에 있는 이 문제를 구속사라는 지평에서 해명하고 설득력 있게 적용하는 학문적인 노력에 찬사를 보내며, 특히 오늘날 바울신학과 관련하여 논쟁의 중심에 있는 새 관점주의의 주장의 근본적인 문제를 파헤치는 노력은 21세기 한국의 독자들에게 더없는 도움이 될 것으로 믿어진다. 역자가 판단하기로, 이 책은 그동안 한국의 독자들에게 사랑을 받았던, 김세윤, 『구원이란 무엇인가?』라는 책이 했던 역할을 진일보하여 수행할 수 있는 시대적인 작품이라고 하기에 손색이 없는 명저이다. 언급한 책은 새 관점주의를 반영하지 못한 반면에, 이 책은 그 관점을 반영하였다는 점에서 그 하나의 이유를 제시할 수 있으며, 다른 하나는 이 책은 그야말로 전형적인 개혁신학의 숨결이 느껴지는 작품이기 때문이다.

이 책을 통하여, 독자들이 개혁신학의 구원 이해에 대한 확고한 틀을 마련하는데 도움을 얻을 수 있다면, 가없이 감사할 일이 될 것이다. 독자들이 읽기 쉽도록 번역하기 위해서 최선을 다하였으나 미비한 것이 있다면 그것은 전적으로 역자의 과문한 탓 때문이다. 독자의 너른 이해를 바란다.

아울러 강의실에서 만나는 신학생들에게 고마운 마음을 전하며, 그 귀한 동역자同役者들과의 만남의 장場을 배려해 준 백석대학교 장종현 총장님께 감사의 마음을 전하며, 특히 수술 후 회복기를 지나는 김준삼 이사장님의 빠른 쾌유를 기원한다. 온종일 컴퓨터를 점유한 아빠를 "견뎌준" 은총, 은지와 늘 곁에 있어준 아내에게 고마운 마음을 전하며, 좋은 책을 번역하도록 배려해 준 류근상 교수님께도 감사를 드린다.

2007년 8월 13일
방배동 연구실에서
역자

# 참고문헌

Bachmann, E. T. (ed.), Luther's Works vol. 35 (Word and Sacrament, Vol. 1; Philadelphia: Fortress Press, 1959)

Bavinck, H., Gereformeerde Dogmatiek (Kampen: Kok, 1976)

Berkouwer, G. C., Faith and Sanctification (trans. J. Vriend; Grand Rapids: Eerdmans, 1952)

Calvin, J., Institutes of the Christian Religion (trans. F. L. Battles; ed. J. T. McNeill, The Library of Christian Classics, 20; Philadelphia: Westminster, 1960)

Dabney, R., Systematic Theology (Edinburgh: Banner of Truth, 1871)

Dunn, J. D. G., "The New Perspective on Paul," Bulletin of the John Rylands Library 65(1983), pp. 95-122

\_\_\_\_, The Theology of Paul the Apostle (Grand Rapids: Eerdmans, 1998)

\_\_\_\_, "The New Perspective on Paul: Whence, What, Whither?," The New Perspective on Paul: Collected Essays (Tübingen: Mohr Siebeck, 2005), pp. 1-88

Fisher, J., The Assembly's Shorter Catechism Explained, by Way of Question and Answer (Glasgow: William Smith, 1779/1753)

Flavel, J., An Exposition of the Assembly's Shorter Catechism, in The Whole Works of the Reverend Mr. John Flavel (Edinburgh: Andrew Anderson, 1701)

Gaffin Jr., R. B., "The Usefulness of the Cross", Westminster Theological Journal 41(1978-79), pp. 228-46

____, Resurrection and Redemption: A Study in Paul's soteriology (2nd edn; Phillipsburg, NJ: P&R, 1987)

____, " 'Life-Giving Spirit' : Probing the Center of Paul's Pneumatology, "Journal of the Evangelical Theological Society 41.4 (December 1998), pp. 573-89

____, " 'The Scandal of the Cross' : Atonement in the Pauline Corpus," in C. E. Hill and F. A.James III (eds.), The Glory of the Atonement: Essays in Honor of Roger Nicole (Downers Grove, IL: InterVarsity Press, 2004), pp. 145-53

Garlington, D., In Defense of the New Perspective on Paul: Essays and Reviews (Eugene, OR: Wipf and Stock, 2005), pp. 1-28 ("The New Perspective on Paul: Two Decades On")

Lusk, R., "A Response to 'The Biblical Plan of Salvation,' " in E. C. Beisner (ed.), The Auburn Avenue Theology, Pros and Cons (Fort Lauderdale, FL: Knox Theological Seminary, 2004)

Machen, J. Gresham, What Is Faith? (London: Hodder & Stoughton, 1925)

____, The New Testament: An Introduction to Its Literature and History (ed. W. J. Cook; Edinburgh: Banner of Truth, 1976)

Mueller, J. T., Christian Dogmatics (St. Louis: Concordia, 1934)

Murray I. (ed.), Collected Writings of John Murray Vol.2 (Edinburgh: Banner of Truth, 1997)

Murray J., Principles of Conduct: Aspects of Biblical Ethics (Grand Rapids: Eerdmans, 1957)

\_\_\_\_, Redemption Accomplished and Applied (Grand Rapids : Eerdmans, 1955)

\_\_\_\_, The Epistle to the Romans (Grand Rapids: Eerdmans, 1959)

Owen, J., The Doctrine of Justification By Faith (The Works of John Owen, Vol.5; Edinburgh: Banner of Truth, 1965/1677)

Pieper, F., Christian Dogmatics (St. Louis: Concordia, 1951,1953)

Ridderbos, H., "The Redemptive-Historical Character of Paul's Preaching," in When the Time Had Fully Come: studies in New Testament Theology (Grand Rapids: Eerdmans, 1957)

\_\_\_\_, "Terugblik en uitzicht," in G. C. Berkouwer and H. A. Oberman (eds.), De dertiende apostel en het elfde gebod: Paulus in de loop der eeuwen (Kampen: Kok, 1971)

\_\_\_\_, Paul: An Outline of His Theology (trans. J. R. de Witt: Grand Rapids: Eerdsmans, 1975)

\_\_\_\_, Redemptive History and the New Testament Scriptures (trans. H. De Jongste; revised by Richard B. Gaffin, Jr.; Phillipsburg, NJ: Presbyterian and Reformed, 1988)

Schmid, H., The Doctrinal Theology of the Evangelical Lutheran Church (3rd rev.edn.; Minneapolis: Augsburg, 1961)

Schweitzer. A., The Mysticism of Paul the Apostle (trans. W. Montgomery; New York: H. Holt, 1931)

Turretin, F., Institues of Elenctic Theology (trans. G. M. Giger; Phillipsburg, NJ: P&R, 1994/1679)

Vos ,G., Biblical Theology: Old and New Testaments (Grand Rapids: Eerdmans, 1948)

____, The Pauline Eschatology (Grand Rapids: Baker, 1979/1930)

Waters, G., Justification and the New Perspectives on Paul: A Review and Response (Phillipsburg, NJ: P&R, 2004)

Westerholm, S., Perspectives Old and New on Paul: The "Lutheran" Paul and His Critics (Grand Rapids: Eerdmans, 2004)

Whiteley, D. E. H., The Theology of St. Paul (Oxford: Blackwell, 1964)

Witius, H., The Economy of the Covenants Between God and Man (Eng trans.: Phillipsburg, NJ: Presbyterian and Reformed, 1990/1677)

Wright, N. T., What Saint Paul Really Said (Grand Rapids: Eerdmans, 1997)

____, The Letter to the Romans: Introduction, Commentary and Reflections (The New Interpreter's Bible Vol. 10; Nashville: Abingdon Press, 2002)

____, The Resurrection of the Son of God (Christian Origins and the Question of God Vol.3; London/Minneapolis: SPCK/Fortress, 2003)